BO

Kampf mit dem Langstock

Die Kobudo-Waffe aus Okinawa

von
Andrea Guarelli
mit 366 Abbildungen

Übersetzung aus dem Italienischen
von Marcus Rosenstein
mit freundlicher Unterstützung von Franca Wollitz

1. Auflage
2002

VERLAG WEINMANN — BERLIN

Danksagungen

Ich möchte meinen Schülern danken, die zur Fertigstellung dieses Buches beigetragen haben:

- Luciano Lanfranchi für die Durchsicht der Texte
- Mitsuru Sato für die Übersetzung der Schriften der Meister Matayoshi und Miyazato
- Franco Ponchiroli für den Entwurf der Zeichnungen.

Die Fotos wurden von Pietro Gelmetti, Costermano (Verona) hergestellt.

Darüber hinaus möchte ich in alphabetischer Reihenfolge allen Experten der A.I.K.O. (Italienische Vereinigung des Kobudo von Okinawa) danken, die sich für die Fotoaufnahmen zur Verfügung gestellt haben:

Fulvia Aloisi, Gabriele Bocaini, Barbara Paoletti, Franco Ponchiroli, Roberto Poppi, Paolo Scantamburlo, Franceso Zamboni

Die Deutsche Bibliothek — CIP-Einheitsaufnahme

Guarelli, Andrea:
BO — Kampf mit dem Langstock :
die Kobudo-Waffe aus Okinawa /
von Andrea Guarelli.
Übers. aus dem Ital. von Marcus Rosenstein.
— 1. Aufl. — Berlin : Weinmann, 2002
ISBN 3-87892-072-5

Satz und Druck: Hildebrand

Inhaltsverzeichnis

Erster Teil - Einführung

Zweiter Teil - Basiswissen

Dritter Teil - Grundlegendes

Vierter Teil - Die Hojoundo

Fünfter Teil - Die Kumibo

Sechster Teil - Die Kata

Siebter Teil - Die Bunkai

Vorwort des Meisters Shinpo Matayoshi

Naha (Okinawa) 22. Dezember

Ich bin bereit, dieses Vorwort in einem für den Zen Okinawa Kobudo Renmei sehr wichtigen Augenblick zu schreiben. Gerade ist das von unserem Verband ausgerichtete 23. Nationale Kobudo Festival zu Ende gegangen, in dessen Verlauf ich mich von den hervorragenden Ergebnissen, die im Zusammenhang mit dem echten Kobudo von Okinawa erreicht wurden, überzeugen konnte. Diese Errungenschaften dienen sicherlich als Ansporn, den eingeschlagenen Weg mit größter Willenskraft und täglicher Einsatzbereitschaft weiter zu verfolgen.

Ich freue mich sehr, dass mein Schüler Andrea Guarelli, gerade jetzt ein Buch zum Kobudo unserer Schule in einem Land veröffentlicht, das so weit vom Ursprungsort unserer Kampfsportart entfernt liegt.

Ich habe volles Vertrauen in seine technischen und moralischen Qualitäten, weshalb ich ihn auch zum verantwortlichen Vertreter des italienischen Verbandes ernannt habe.

Ich hoffe, dass dieses Buch zu einer korrekten Verbreitung des Kobudo von Okinawa in Europa beitragen wird und auf gewisse Weise eine wichtige Hilfestellung zur Erziehung der Jugend leisten wird.

Nun erwarte ich vertrauensvoll einen weiteren Leistungsbeweis unseres italienischen Meisters Andrea Guarelli im Umfeld unserer Schule.

Shinpo Matayoshi Sensei (1921-1997)

- Zehnter Dan Hanshi im Kobudo von Okinawa

- Zehnter Dan Hanshi im Karatodo Kingai-ryu

Präsident der Zen Okinawa Kobudo Renmei.

Präsident der Dai Nippon Butokai-Sektion der Präfektur von Okinawa.

Meister Shinpo Matayoshi während seines Besuchs in Italien

Hondu Dojo in Naha (Okinawa)

Meister Shinpo Matayoshi mit dem Autor: Tinbei gegen Sansetsukon

Vorwort des Meisters Eiichi Miyazato

Naha (Okinawa), 15.August

Ich gratuliere dem Meister Andrea Guarelli, sechster Karatedan, dazu, dieses hervorragende Buch über Kobudo aus Okinawa, geschrieben zu haben und bringe ihm meinen tiefen Dank zum Ausdruck.

Meister Guarelli hat sich von dem Wunsch, die alten Kampfkünste Okinawas zu ergründen, mehrfach vor Ort begeben und sich der Kultur und den Traditionen der Region angenommen.

Heutzutage sind Karate und Kobudo von Okinawa weltweit sehr verbreitet, worauf ich ausgesprochen stolz bin. Andererseits muss ich mit Bedauern feststellen, dass der Geist und die Techniken dieser Kampfkünste häufig nicht richtig gelernt werden.

Dennoch bin ich überzeugt, dass das Buch des Meisters Guarelli einen Beitrag zu einer besseren und richtigeren Vermittlung der Disziplin leisten und somit einen wichtigen Teil zur Lösung des Problems beisteuern wird.

Ich nutze die Gelegenheit, dem Kobudo aus Okinawa eine stets wachsende Verbreitung zu wünschen und dem Meister Andrea Guarelli aufrichtige Anerkennung zu dem von ihm veröffentlichten Fachbuch auszusprechen.

Eiichi Miyazato Sensei (1921) - Zehnter Dan Hanshi im Karatedo Goju-ryu, unmittelbarer Schüler von Chojun Miyagi. Präsident der Okinawa Goju-ryu Karatedo Kyokai. Siebter Dan Kyoshi im Judo.

Meister Eiichi Miyazato

Honbu Dojo in Naha (Okinawa)

Meister Shinpo Matayoshi mit dem Autor: Nunti-bo gegen Naginata

Erster Teil

EINLEITUNG

1. EINLEITUNG

Mein Interesse für die sogenannten "Waffen des Karate" entstand vor mehr als 20 Jahren, als ich - damals schon Karate betreibend - erfuhr, dass es eine der zuvor genannten Disziplin ähnliche Kampfkunst gab, die allerdings mit Geräten bäuerlichen Ursprungs ausgeübt wurde. Ich merkte sofort, dass es ziemlich schwierig sein würde, diese Techniken zu erlernen, da es in Italien keine richtigen Ausbilder in einer solchen Kampfkunst gab. Leider wurde die große Nachfrage der Karate-Anhänger nach Kobudokursen auf sehr unprofessionelle Weise von einigen Lehrern befriedigt, die sich für ihre Unterrichtsstunden Anregungen aus dem eigenen Erfahrungshorizont holten oder sich das eine oder andere Trendbuch aus dem Handel zunutze machten. Ich stellte fest, dass auch viele japanische Karatemeister in der selben Weise verfuhren, indem sie einige Kata umarbeiteten und sie entsprechend mit Waffen ausübten. Irgenwann fragte ich mich, wer und wo die wahren Meister des Kobudo wären, sofern es sie denn wirklich gab. Am Ende einer langen und nicht einfachen Recherche fand ich heraus, dass es auf Okinawa, der Wiege des traditionellen Karate immer noch Dojos gab, die diese alte und faszinierende Kunst vermittelten. So kam es, dass ich den wahren Weg der alten Kampfkünste Okinawas über die Meister der angesehensten und vollkommensten Schule, dem Kokodan des Meisters Shinpo Matayoshi einschlug. Auf diese Weise stellte ich mit großer Verwunderung fest, dass Kobudo eine noch vielfältigere und interessantere Disziplin als Karate ist. Weiterhin offenbarte es sich mir auch schnell, dass in dieser Schule die über die Kata eingebrachten alten Techniken im Gegensatz zu den meisten anderen Karatearten ihre wahre technische Bedeutung und ihre Anwendbarkeit im Lauf der langen Jahrhunderte ihrer Weitergabe nicht verloren hatten. Ich überzeugte mich auch, dass diese von vielen als noble und weichere Unterart des Karate betrachtete Kampfform, die den Zweck erfüllen sollte, den Körper auf die letztere vorzubereiten, in Wirklichkeit eine noch komplexere Kampfkunst darstellen und einigen Experten zufolge der Kampf mit den bloßen Händen oft sogar nichts anderes als eine Vorübung für den bewaffneten Kampf war. So erwiesen sich Kobudo und Karate als die beiden Räder ein und derselben Achse, wobei das eine dem anderen wertvolle Hilfestellung leistet. Demjenigen, der bereits Karate betreibt, eröffnet das Studium der Waffen die Gelegenheit, die Techniken mit den bloßen Händen im Lichte neuer und klarerer Erkenntnisse zu erforschen.

Häufig kamen mir folgende Einwände zu Ohren: "Zweifellos handelt es sich beim Kobudo von Okinawa um eine interessante Kampfkunst, aber welchem Zweck dient eine Disziplin, die sich Selbstverteidigungstechniken mittels Gebrauch von Geräten widmet, die oft sperrig sind, oder deren Gebrauch gesetzlich verboten ist?" Ziele des Kobudo sind erstens die Vervollkommnung des Individuums zum Nutzen der Gesellschaft, zweitens die Verbesserung der Gesundheit durch körperliche Betätigung und drittens die Selbstverteidigung. Beschränkten wir uns nur auf diesen letzten Punkt, wäre unser Training unzureichend, und unsere Motivation würde sich rasch erschöpfen. Dennoch wird der Aspekt der Selbstverteidigung nicht völlig unterbewertet, da die Ausübung des Kobudo mit dem Ziel erfolgt, den Ausübenden in die Lage zu versetzen, beliebige Gebrauchsgegenstände des täglichen Lebens in eine wirkungsvolle Verteidigungs- und Angriffswaffe zu verwandeln. Tatsächlich geht es dabei darum, mit Hilfe eines harten und ausdauernden Trainings die alten, von den Einwohnern Okinawas angewandten Techniken zu erlernen und diese auf die uns täglich zur Verfügung stehenden Gegenstände zu übertragen.

Auf jeden Fall ist es besser, dass niemals so etwas passiert und man auch niemals gezwungen wird, die Kampfkünste außerhalb des Dojo anwenden zu müssen. Und so formulieren alle Lehrer der verschiedenen Kampfkünste den folgenden Leitsatz: "Der wahre Könner ist derjenige, der es versteht, jeglichen Konflikt zu vermeiden." Also dürft ihr, wie alle die Kampfsportarten aus dem Herzen heraus betreiben, stolz darauf sein, eine Disziplin auszuüben, in der Ihr nie Gelegenheit haben werdet, sie zu Verteidigungszwecken anzuwenden. Ich glaube, dass es etwas Besonderes ist, Kobudo mit dem Ziel auszuüben, sich verbessern zu wollen, wenn man versucht, den schwierigsten Gegner überhaupt zu besiegen, nämlich denjenigen, der in uns selbst steckt.

2. DIE GESCHICHTE DER KAMPFKÜNSTE OKINAWAS

Der Archipel von Okinawa[1] setzt sich aus vielen kleinen Inseln zusammen, jede mit einem wunderschönen Panorama, einer einzigartigen Kultur und einer gemeinsamen Geschichte. Im 12. Jh. wurde Okinawa in viele Regionen gespalten, jede einzelne nach eigenen Gesetzen verwaltet und mit einer Gusuku (Festung) versehen. eigens dafür errichtet, um die angrenzenden Dörfer zu kontrollieren. Nach zahllosen Kämpfen und Bündnissen zwischen den verschiedenen Stammesführern (Aji) - so geschehen zwischen dem 12. und 13. Jh. - wurde Okinawa in drei kleine Staaten geteilt. Dabei handelte es sich um Zusammenschlüsse von Stämmen namens Chûzan (Berg der Mitte), Nanzan (Berg des Südens) und Hokuzan (Berg des Nordens). Diese Epoche wurde Sanzan-jidai (Zeit der drei Berge) genannt.

Um das 14. Jh. herum versuchten Sattô, König von Chûzan, Ofusato, König von Nanzan und Haniji, König von Hokuzan, jeder auf eigene Faust, diplomatische Beziehungen zu China herzustellen. Kaiser Chu Yuen Chang aus der Ming-Dynastie erklärte sich einverstanden, einen persönlichen Botschafter des der Ryukyu Dynastie angehörenden Königs Sattô zu empfangen. Den Historikern zufolge erbat der zuvor genannte König diese Einladung, um die anderen Regenten mit der privilegierten Stellung, die daraus entstehen konnte, zu beeindrucken. Sattô schickte seinen Bruder Taiki mit den entsprechenden Tributen zu dem chinesischen Kaiser. Dies war der Beginn einer langen Beziehung zwischen Okinawa und China. 1372 wurde die Ryukyu-Dynastie durch den chinesischen Kaiser formell zum Vasallen Chinas ernannt.

1429 vereinte König Shô Hashi die drei Königreiche, indem er einen kleinen Staat (das Ryukyu-Reich) gründete. Vom 14. Bis zum 16. Jh., einer als goldenes Handelszeitalter bekannt gewordenen Zeitspanne, entwickelte sich das Ryukyu-Reich zu einem Zentrum der Handelsbeziehungen zwischen China und den anderen benachbarten Ländern. Kaiser Ming war froh, Beziehungen zu Okinawa aufzunehmen. Er sandte im Zweijahresrhythmus Diplomaten mit dem Auftrag aus, dem König Geschenke zu überbringen. In Okinawa wurden diese Delegationen mit großen Ehren in der Residenz des Königs auf Schloß Shuri empfangen. Die chinesischen Gesandten wurden auch noch nach der Invasion des Archipels durch den japanischen Satsuma-Clan (1609) bis 1866 regelmäßig nach Okinawa geschickt.

Unter diesen Gesandten befanden sich viele Meister des chinesischen Kempo sowie zahlreiche darin Geübte. Während des Aufenthalts auf Shuri und Naha unterrichteten die Chinesen den Adel Okinawas und viele Angehörige der höheren Gesellschaftsschichten in ihrer Kunst.

Bis 1874 entsandte die Ryukyu-Dynastie alle zwei Jahre Schiffe mit Delegationen aus dem Adelsstand nach China. Diese Schiffe waren mit wertvollen Gaben für den

---

[1] Heute ist Okinawa eine Provinz Japans. Bis 1870 wurde der Archipel, zu dem Okinawa gehört, Ryukyu genannt.

chinesischen Kaiser beladen. Um sie vor Piraten zu schützen, waren sowohl die Besatzungsmitglieder als auch die Gesandten bewaffnet und in Kampfkünsten ausgebildet. Folglich nimmt man an, dass einer der Gründe, weshalb sich die Kampfsportarten auf einer so kleinen Insel wie Okinawa zu der uns bekannten hochentwickelten Kampfkunst entwickelten, in der Notwendigkeit diese Fracht zu schützen lag.

1392 während der Herrschaft des Königs Sattô ließ sich eine Gemeinschaft von chinesischen Mönchen und Handwerkern in dem Dorf Kume auf Okinawa nieder. Später übernahmen die Einwohner dieses Dorfes die Verantwortung für den Handel und die Kontakte zwischen Okinawa und China. Zu den verschiedenen Aufgaben, die sie erledigten, gehörten die Bearbeitung offizieller Dokumente, Führungen, Kurierdienste und Dolmetscheraufgaben. Die Chinesen aus Kume, unterwiesen die Bewohner auch im chinesischen Kempo.

Einige unter ihnen - die nach China entsandten Adeligen aus Okinawa - ließen sich dort für eine recht lange Zeit nieder und erlernten das chinesiche Kempo an den dortigen Schulen. In der Provinz Fukushu (Fujian) ermutigte der König von Okinawa zu jener Zeit dort wohnende Landsleute, seine Untertanen zu beherbergen, die sich dort um des Lernens willen hinbegaben.

All dies trug dazu bei, dass das chinesische Kempo zur Zeit des Königs Sattô von den Chinesen selbst als auch von den Okinawesen, die diese Kampfkunst in China erlernt hatten, schnell auf Okinawa eingeführt wurde. Aus diesen historischen Begebenheiten heraus wurde eine einzigartige Form des Okinawa-Karate (ehemals "ti" genannt) und des Okinawa-Kobudo erschaffen und in Regeln gefaßt. Die Beziehungen zwischen Okinawa, China und anderen südostasiatischen Ländern trugen dazu bei, diese alten Verteidigungsarten weiter zu entwickeln und so zu perfektionieren, wie wir sie heute kennen.

In der Zeit des Ryukyu-Reiches bezeichnete man das in der Umgebung von Shuri entwickelte und praktizierte Karate als Shuri-te. Die Verteidigungstechnik, die sich im Handelszentrum von Naha entwickelte, wurde Naha-te genannt, und die Kombination beider hieß Tomari-te, abgeleitet von Tomari, einer zwischen Naha und Shuri gelegenen Gegend: In diesen Regionen entwickelten berühmte Bujin (Experten in Verteidigungstechniken) diese Tradition weiter und vermittelten sie ihren Nachkommen. Diese Tradition setzt sich auch heute noch fort.

Sowohl Karate als auch Kobudo wurden vom Adel verboten und ihre Techniken geheimgehalten; niemals wurde auch nur ein einziges Werk zu diesen Themen schriftlich verfaßt. Die Technik der zahlreichen Bujin wurde den Nachkommen in Form von direkter Unterweisung oder mündlicher Überlieferung vermittelt.

Nachdem Okinawa offiziell zu einer Präfektur Japans erklärt worden war, führten neue Gesetze dazu, dass die Geheimhaltung dieser Disziplinen ein Ende fand. Das Bildungssystem der Meiji-Ära (1868-1912) hat Karate und Kobudo als Teil des Programms im Sportunterricht an den Schulen aufgenommen.

Von da an wurden Karate und Kobudo öffentlich vorgeführt und während der Taisho-Ära (1926-1988) verbreiteten sich diese Kampfsportarten über die Welt.

Nach dem Zweiten Weltkrieg (1945) wurde das Karate von Okinawa in drei Hauptstile unterteilt: Goju-Ryu, Shorin-Ryu und Uechi-Ryu. Derzeit existieren zahlreiche Ryuha (Stile) und Kaiha (Vereine) mit unterschiedlichen Stilen und Techniken; Karate und Kobudo einer jeden Ryuha und Kaiha besitzen ihre eigenen Kata (formelle Übungen), von denen folgerichtig sämtliche Angriffs- und Verteidigungstechniken abstammen.

Das harte Training fördert körperliche Robustheit sowie einen wachen Geist und trägt auf diese Weise zum Wohl der Gesellschaft bei. Karate und Kobudo haben die Erziehung in starkem Maße beeinflußt. Beide können als Sport sowie als Mittel zur Selbstverteidigung ausgeübt werden. Die verschiedenen Elemente und Eigenschaften, die Karate und Kobudo in der ganzen Welt bekannt gemacht haben, begeistern Millionen Menschen. Heute können wir behaupten, dass Karate und Kobudo Geschenke Okinawas an die ganze Welt sind.

3. DIE SCHULE MATAYOSHIS UND IHRE BESONDERHEITEN

Es ist wichtig zu betonen, dass Kobudo zumindest bis zum Beginn des letzten Jahrhunderts eine ziemlich undefinierte Kampfkunst war. Es gab tatsächlich Meister, die Erfahrung im Gebrauch von einer oder höchstens zwei Waffen sowie die dazugehörige Kata besaßen. Ohne die Hilfe, die Leidenschaft und die Sammlung des Meisters Shinko Matayoshi wäre ein Großteil der alten Kobudotechniken unwiderruflich verloren gegangen.

Die Mitglieder der Familie Matayoshi gehörten bis 1879 zur Klasse der Shizoku (Adelsgeschlecht). Einige von ihnen wurden durch die Kultivierung verschiedener Agrarprodukte auf Okinawa - darunter auch Zuckerrohr - berühmt.

Meister Shinko Matayoshi (Foto 1), dritter Sohn des Shinchin, wurde 1888 in Naha, Okinawa, im Kakinohana-Viertel geboren. Er wuchs im Shinbaru-Viertel des Dorfes

Chatan auf. Von Kindheit an erlernte er Bo aus Okinawa, Eku, Kama und Sai unter Anleitung der Meister Chokohu Agena (Gushikawa Terasho), Ryuko Shiishi, Yamani Chinen und seines Vaters Shinchin Matayoshi. Im Anschluss daran unterrichtete ihn Meister Matsutaro (Ogii) Irei, der im Nozato-Viertel lebte, im Umgang mit Tunkuwa und Nunchaku. Zu Beginn des Jahrhunderts unternahm Shinko zwecks Vertiefung seiner Kenntnisse in den Kampfsportarten eine Reise, die ihn nach Hokkaido, Shakalin und in die Mandschurei führte. In diesen Gegenden verbrachte er lange Zeit bei einigen Nomadenstämmen, wo er Ba-jutsu (Reitkunst), Shuriken-jutsu und Nagenawa-jutsu (Gebrauch des Lassos) erlernte. In Shanghai führte ihn der alte Meister Koronushi Kin (Kingai) in die Techniken des Tinbei, des Suruchin, des Nunti sowie gleichzeitig in die chinesische Therapie und Akupunktur ein. In der chinesischen Region Fukien (Fujuan) erlernte er Shorin-kenpo.Anläßlich einer Feier zum Gedenken an Kaiser Meiji im Jahre 1915 präsentierten Gichin Funakoshi Karate und Shinko Matayoshi Tunkuwa-jutsu sowie Kama-jutsu in einem Shinto-Tempel vor dem versammelten kaiserlichen Hofstaat. 1921 besuchte der Erbprinz Hirohito (späterer Showa-Kaiser) die Insel Okinawa auf seiner Reise nach Europa. Ihm zu Ehren wurde eine große Willkommensfeier veranstaltet. Bei dieser Gelegenheit inszenierten der den Goju-Ryu-Stil vertretende Chojun Miyagi sowie Shinko Matayoshi eine Vorführung in Karate und Kobudo. 1935 kam Matayoshi wieder nach Okinawa zurück und ließ sich in Naha nieder um sein Training fortzusetzen und seine Beziehungen zu anderen Kampfsportexperten auszubauen. In der Welt des Kampfsports nannte man ihn (aufgrund seiner herausragenden Fähigkeiten im Umgang mit dieser Waffe) "Kama no Mateshi" den Matayoshi der Kama. 1947 verstarb er im Alter von 59 Jahren. Sein Tod war ein schmerzlicher Verlust.

Meister Shinpo Matayoshi (Foto 2), ältester Sohn von Shinko und derzeitiger Präsident der Zen Okinawa Kobudo Renmei (Kobudo Verband von Okinawa) gilt als größter lebender Kobudo-Experte. In seiner Familie werden einige Techniken seit mindestens 400 Jahren von den Vätern an die Söhne weitergegeben. Im Dezember 1921 wurde er als Sproß einer adligen und wohlhabenden Familie in Okinawa geboren. Er begann unter Anleitung des Vaters mit der Ausübung von Kampfsportarten. Zu jener Zeit lehrte Shinko Matayoshi in drei verschiedenen Dojos in den Ortschaften Kadena, Chatan und Naha. Im Alter von vier Jahren besuchte Shinpo das Dojo in Naha, wo er den Schülern seines Vaters beim Training zusah. Im Alter von sieben Jahren beherrschte er bereits fünf Kata. 1928 wurde er Karateschüler des Meisters Chotoku Kyan (Shuri-te, Tomarite). Danach unterrichtete ihn Meister Go-Genki, ein in Japan eingebürgerter Chinese, im Gru-Bianca-Stil von Fukien (1938). Im Anschluss daran studierte er den Goju-Stil unter Meister Seku Higa, dem ältesten Schüler des Gründers des Chojun-Myagi-Stils. Von 1957 bis 1959 unterrichtete er in der Stadt Kawasaki.

Von 1960 an unterrichtete er Kobudo im Dojo von Meister Higa. Dem einen oder anderen Lieblingsschüler brachte er auch Kingai-ryu bei. Diese Art des Unterrichts fand bis 1970 in der alten Form statt: über die Kata und ihre Anwendung, ohne Grade oder Gürtel.

1970 gründete Shinpo die Kobudo Vereinigung (Ryukyu Kobudo Renmei) die durch ihre orthodoxe Unterrichtsweise, auf Körper und Geist der Schüler ausgerichtet, die Entfaltung der wahren moralischen Werte in den Mittelpunkt stellt. So wurde das authentische Kobudo auf seinem Weg über Okinawa und Japan schließlich auf der ganzen Welt gelehrt.

1972 wurde seine Schule von der japanischen Regierung mit der Verleihung des neuen Namens Zen Okinawa Kobudo Renmei gewürdigt. Als einziger Okinawese und einziger Kobudo-Meister aus Okinawa trat er der Dai Nippon Butokukai bei, der Vereinigung der Meister japanischer Kampfkünste, deren Vorsitzender von Beginn an ein Mitglied der kaiserlichen Familie war. 1987 verlieh ihm Seine Kaiserliche Hoheit Higahi Fujimi Jigo, Präsident der Dai Nippon Butokukai, den 10ten Dan Hanshi.

Bis kurz vor seinem Tod im September 1997 unterrichtete er in seinem eigenen Dojo in Naha (dem "Kodokan"). Er übte sich täglich im Kobudo und ging häufig auf Tournéereisen, die die Dai Nippon Butokukai ausrichtete, um den Kampfsport weltweit zu verbreiten. Seine in aller Herren Länder verstreuten Schüler vermitteln nicht-japanischen Schülern das echte Kobudo von Okinawa entsprechend dem von der Familie Matayoshi entworfenen technischen Lehrprogramm.

Dem Autor wurde die Ehre zuteil, unmittelbar am Training dieses großen Meisters teilnehmen zu dürfen.

Aus technischer Sicht gibt es die folgenden Besonderheiten der Matayoshi-Schule:

a) den Einsatz des Körpers und der Kraftübertragung;
b) die Einzigartigkeit in der Art der Anwendung verschiedener Waffen;
c) die Bestimmungen für die Umsetzung des Unterrichts;
d) das didaktische Vorgehen.

Einsatz des Körpers und Kraftübertragung

Diese beiden Aspekte sind eng miteinander verbunden. Der richtige Gebrauch des Körpers erfordert vor allem eine perfekte Koordination zwischen "uns" und dem "Werkzeug". Dies erfolgt über den Einsatz der verschiedenen Körperteile - auch der entferntesten - mit dem Ziel der größtmöglichen Rationalität, Geschwindigkeit und Wirkung der Bewegung. Diese Prinzipien offenbaren, mehr als es in irgendeiner anderen Schule der Fall ist, den chinesischen Ursprung, der besonders fließende Bewegungen vorsieht. Die Hüften sind der Ausgangspunkt der Kraftübertragung, was sogar für die kleinsten Bewegungen zutrifft. Dies unterscheidet diese Schule von allen anderen, die, wenngleich sie häufig von Hüftbewegungen sprechen, beim Umgang mit der Waffe in erster Linie die Kraft der Arme trainieren.

Die Einzigartigkeit in der Art der Anwendung verschiedener Waffen

In dieser Schule existieren besondere Methoden, Waffen zu Angriffs- und Verteidigungszwecken einzusetzen.

Bestimmungen für die Umsetzung des Unterrichts

Dies ist die einzige Form des Kobudo, die dank der Tradition der Familie Matayoshi, die diese Art der Kampfkunst seit mehreren Generationen ausübt, an uns weitergegeben wurde.

Didaktisches Vorgehen

Hier handelt es sich um die einzige Kobudoschule, die von folgendem technischen Vorgehen Gebrauch macht: HOJOUNDO = grundlegende Übungen; KATA = formale Übungen; KATA KUMIWAZA = Ausführung der Kata gegen zwei Gegner; KATA OYO = weiterentwickeltes Studium der Katatechniken und ihrer Varianten; YAKUSOKU KUMITE = zuvor festgelegter Kampf; JIYU IPPON KUMITE = auf einen Angriff ausgerichteter Kampf; JIYU KUMITE = freier Kampf mit leichten Waffen (Gummi, Bambus) und speziellen Schutzmaßnahmen.

4. DER BO AUS OKINAWA

Verschiedene Quellen versichern, dass die Kampfkunst mit dem Bo ausschließlich Offizieren und Funktionsträgern des Königs von Okinawa vorbehalten war. Wahrscheinlich verwendeten ihn aber auch einfache Bürger, Fischer und Bauern als Arbeitsgerät und als Mittel zur Selbstverteidigung. Im Wörterbuch der Sprache Okinawas findet man unter dem Stichwort "Bo": Stock zum Transport und zur Ausübung einer Kampfkunst".

Also gab es wahrscheinlich auch schon in den Gemeinden recht gut entwickelte Bo-Techniken. Von großer Bedeutung für die Entwicklung der Bo-Techniken war selbstverständlich auch der Einfluß der chinesischen Technik. Dieser Einfluß kann auf folgende Arten stattgefunden haben:
* durch chinesische Experten, die auf Okinawa in der Nähe der Delegation lebten, die mit der Aufrechterhaltung der diplomatischen Beziehungen zu den Herrschern der Insel beauftragt waren;
* durch Vermittlung einiger Meister, die der seit 1392 in dem Dorf Kume ansässigen chinesischen Gemeinde angehörten;
* dank einiger Elemente der chinesischen Stockkampfart, die durch Reisende auf die Insel eingeführt worden waren, welche sich aus unterschiedlichen Gründen in China aufgehalten hatten oder zu den vom König von Okinawa nach China entsandten Delegationen gehörten.

Deshalb ähneln viele der heute praktizierten Techniken denen, die man in den alten Lehrbüchern findet. Ein Teil des chinesischen Bubishi (Wu Bei Zhi) heißt Shaolin Konpo (die Methode des Shaolin-Stocks). Darin steht geschrieben: "Der Ursprung aller Kampfkünste liegt im Stockkampf, dessen Ursprung wiederum im Umfeld des Shaolintempels liegt." In einem anderen alten chinesischen Handbuch, dem Kikoshinsho, steht: "Den Bo zu verwenden ist, als lese man "Die vier Bücher" und "Die sechs Theorien", was bedeutet, dass man nach dem Studium des Bo alles mit den anderen Kampfkünsten in Zusammenhang stehende, leicht erlernt.

Wie auch immer, der Bo aus Okinawa ist eine Technik, die sowohl von den chinesischen Schulen als auch von den alten örtlichen Techniken (son-bo) abgeleitet wurde, die ihrerseits der Struktur der Bevölkerung Okinawas, den besonderen klimatischen Gegebenheiten sowie der Geographie der Insel angepaßt sind.

Der Bo ist in jedem Fall die Hauptwaffe des Kobudo von Okinawa. Auf dieser Insel wird der Stock KON genannt. Diese Bezeichnung ähnelt sehr dem chinesischen Wort (K´un), ein Beweis für den starken kulturellen Einfluß, den China auf die Bewohner Okinawas ausübte. Die Bo-Kampfkunst nennt man KONPO (die Methode des Stocks) und verweist damit auf dessen taoistische Größe des Studiums im Gegensatz zu der als BOJUTSU bezeichneten einfachen Technik. Verwendetes Material ist das Holz der roten oder weißen Eiche, der japanischen Mispel, der Betelnusspalme und der Kuba (Palmenart), alles stabile und biegsame Bäume, die aus subtropischen Gebieten stammen, zu denen auch Okinawa gehört.

Besonders die Kubapalme weist gewellte Verästelungen auf, die eine Beschädigung fast unmöglich machen. Im Falle eines Bruchs werden die beiden Bruchstellen wie Speere gespitzt: dies ist eine der zahlreichen Eigenschaften, die es zu einem idealen Holz zur Herstellung des Bo machen.

Der Stock von Okinawa unterscheidet sich in vielerlei Hinsicht vom japanischen Bo; Sie unterscheiden sich tatsächlich in: Länge, Handhabung und vor allem im Griff. Gehen wir nun einigen Besonderheiten dieser Waffe auf den Grund:

* Unterteilung anhand der Länge

Die Standardlänge des Bo aus Okinawa liegt bei ungefähr 182 cm. In diesem Fall handelt es sich um den RokushakuBo (sechs Shaku langer Stock; 1 Shaku = ungefähr 30 cm). Jedoch existieren außer diesem Modell, bei dem es sich ohne Zweifel um das am häufigsten verwendete handelt, noch andere, deren Längen von vier Shaku (YonshakuBo) bis zu einem Maximum von neun Shaku (KyushakuBo) reichen. Es gibt sogar einen 13 Shaku langen Bo, den man auch Bajobo oder "Pferdestock" nennt.

* Unterteilung anhand der Form (Zeichnung 1)

Der erste Stock (MaruBo) war mit Sicherheit zylindrisch. Dabei handelte es sich wahrscheinlich um einen Tembin, ein auf chinesiche Art über den Schultern getragenes Joch für den Transport schwererer Lasten. Er bestand wahrscheinlich aus Bambus (TakeBo). Im Laufe der Zeit entstanden immer mehr Formen und Querschnitte. So wurden im Kampf häufig Stöcke mit quadratischem (KakuBo), sechseckigem (RokkukuBo) oder achteckigem (HakkakuBo) Querschnitt verwendet. Diese kantigen Bo hatten hatten zerstörerische Auswirkungen.

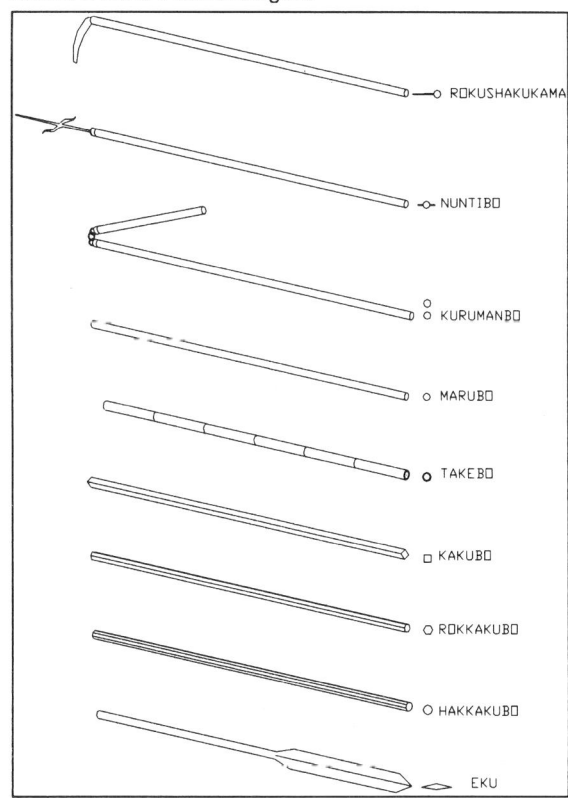

Die derzeit verwendete Form ist wieder rund, jedoch von bikonischem Querschnitt. Die Mitte des Stockes (Chukon-Bu) hat einen Durchmesser von ungefähr 3 cm, während der Durchmesser der beiden Enden circa 2,5 cm beträgt. Dadurch ist der Schwerpunkt der Waffe perfekt platziert und ihre Handhabung erfolgt mit größerer Leichtigkeit sowie einem Höchstmaß an Effektivität. Außerdem ermöglicht die bikonische Form des Bo, sich zu befreien, sollte man von einer mit einer Kette versehenen Waffe geblockt werden. Diese besondere Form verleiht dem Bo einen größeren Widerstand gegen Zusammenstöße und vermindert dadurch die Risiken eines Bruches.

Die verschiedenen Arten des Bo

Zum Kobudo von Okinawa gehören ebenso einige Waffen, die mit dem Bo die grundlegende Handhabung gemeinsam haben. Solche Waffen, über die wir im Folgenden noch ausführlicher sprechen werden sind: der Êku, (SunakakeBo oder Kai), der NUNTI-BO, der KURUMAN-BO und der ROKUSHAKU-GAMA. Diese vier Waffen erfordern eine eigene und tiefergehende Betrachtung.

5. DIE VERSCHIEDENEN KOBUDO WAFFEN AUS OKINAWA

Neben dem Bo, der als Hauptwaffe des Kobudo von Okinawa gilt, gibt es zahlreiche Gegenstände, deren Gebrauch auf mehr oder weniger fortgeschrittenem Niveau erlernt werden kann. Einige Meister unterscheiden die Lehre des Kobudo in Haupt- und Nebenkünste. Die Hauptkünste umfassen solche Waffen, die sich einer größeren Verbreitung und eines umfangreicheren Ausbildungsprogramms erfreuen. Zu den Nebenkünsten zählen rund zwanzig Kobudowaffen, deren Verbreitung relativ begrenzt ist und deren Ausbildungsprogramm einzig und allein auf den alten Kata basiert. Das Studium dieser zuletzt genannten Waffen ist den Experten jenseits des vierten und fünften Dans vorbehalten und liegt somit außerhalb des Zugangsbereiches des größten Teils der Schülerschaft. Im Allgemeinen kommen die Hauptkünste Bo, Sai, Tunkuwa und Nunchaku in Betracht. Im Folgenden werden die typischen Waffen der Kobudolehre aufgelistet: zu diesen sind unbedingt einige Waffen hinzuzufügen, die als Varianten der bereits vorgestellten gelten.

Lange Waffen   BO (Stock): siehe 4.

EKÛ (Ruder)

Diese Technik hat ihren Ursprung in Shanghai (China), wo sie als jiang-fa bezeichnet wurde. Auf Okinawa entwickelte sie sich dank eines Fischers aus Tsuken-jima, den man wegen seiner Hautfarbe Akachu (roter Mann) nannte. Meister Chikin Shosoku Oyakata wurde wegen verschiedener Machtkämpfe in der Stadt Shuri zum Tode verurteilt. Da er aber als Bojutsu-Experte großes Ansehen genoß, schenkte man ihm das Leben, unter der Bedingung, dass er sich ins Exil auf die Insel Tsuken-jima zu begeben hätte, wo er in der Wohnung eines einfachen Fischers mit Namen Azato (der richtige Name Akachus) wohnte. Meister Chikin lebte mit dem Mann zusammen und überlegte sich, diesem seine eigenen Kenntnisse über den Bo-Kampf zu vermitteln. Nach kurzer Zeit war der sehr begabte Schüler dem Meister überlegen. Nach dem Erlernen der Techniken des Meisters Chikin, überlegte sich Azato, eine Kata mit einem Ruder 3 zur Selbstverteidigung gegen mit Schwert, Lanze oder Stockbewaffnete Gegner zu entwickeln. Er veränderte das ursprüngliche Ruder derart, dass die Kanten des Ruderblattes so scharf wurden, dass man damit schneiden konnte. Im übrigen ist das Ruder eine Waffe, die sich hervorragend zur Ausübung der Sunakake-Techniken (Sand in die Augen des Gegners schleudern) eignet. Dieses Gerät wird auch Ryoshi no Katana (Fischerschwert) genannt (Foto 3).

NUNTI-BO (Lanze)

Der auf einen fünf Shaku (ca. 150 cm) langen Bo aufgesteckte Nunti (siehe Doppelwaffen) ergibt eine Waffe, die als Nunti-bo bezeichnet wird. Dieses Gerät wurde wahrscheinlich von den Fischern als Harpune verwendet. Die Techniken des Nunti-bo sind denen des von der Insel Tsuken auf dem Ryukyu-Archipel stammenden Bo sehr ähnlich. Bei Verwendung des Nunti-bo als Waffe können zwei Nunti in den Gürtel sowohl vor dem Bauch als auch auf dem Rücken gesteckt werden. Diese Nunti können dem Gegner entgegengeschleudert werden. Hierbei handelt es sich um eine der Techniken, die Meister Shinko Matayoshi im chinesischen Shanghai von Meister Kingai erlernte (Foto 4).

ROKUSHAKU-GAMA (sechs Fuß lange Sense)

Der Rokushaku-gama ist eine Variante der Kama (Sichel). Er besteht aus einer Sichel mit einem ca. 30 cm langen Griff, der auf einen fünf Fuß (ca. 150 cm) langen Stock aufmontiert wird. Die Gesamtlänge dieser Waffe ist folglich mit der des Standardbo identisch, an dem man sich auch in Bezug auf die grundlegenden Bewegungen orientiert. Die Besonderheit dieser Waffe besteht in der Verwendung der Klinge, die man zum Heranziehen des Körpers oder der Waffe des Gegners einsetzt, nachdem man diesen zuvor mit dem hölzernen Teil geschlagen hat. Dieses Gerät bezeichnet man auch als chogama, was "lange Sense" bedeutet (Foto 5).

4

5

Waffen mit Schnur oder Kette

KURUMAN-BO (langer Stock mit Gelenk)

Hierbei handelt es sich um einen sechs Shaku langen Stock, an dem mit Hilfe einer Schnur oder einer Kette ein ca. 50 cm langer Stock angebracht ist.
Ursprünglich war dieses Gerät ein typisch bäuerliches Werkzeug (Dreschflegel), das zur Bearbeitung von Reis und Korn verwendet wurde. Es handelt sich um eine sehr alte mit Nunchaku und Sansetsukon verwandte Kampfkunst. In dem Dorf Kume (Okinawa) gibt es ein altes Schriftstück zur Geschichte dieses Ortes, in welchem auf die Waffe hingewiesen wird. Es mutet schon sonderbar an, wenn man darauf aufmerksam macht, dass ein identisches Werkzeug bis heute in einigen Regionen Italiens zur Bearbeitung von Gemüse und Getreide verwendet wird. Der chinesische Begriff zur Bezeichnung dieses Gegenstandes heißt Shaokun (Schildwachenstock) (Foto 6).

6

SOSETSUKON ODER NUNCHAKU
(zweiteiliger gelenkiger Stock)

Es wird behauptet, dass das Nunchaku als Folge der Invasion des Shimazu-Clans auf den Ryukyu-Inseln in Anlehnung an ein landwirtschaftliches Gerät als Selbstverteidigungswaffe für Frauen erfunden wurden. Einer anderen Theorie zufolge stammt das Nunchaku vom Zaumzeug der Pferde ab. Es ist jedoch sicher, dass die gleiche Waffe (Shuang-chieh kun) in China schon viele Jahrhunderte zuvor Verwendung fand. Es handelt sich dabei um zwei, mit einer dünnen Schnur verbundene Stöcke. Die Länge der Stöcke hängt davon ab, wer sie verwendet. Das antike Nunchaku war etwas kürzer als das heutige. Zur persönlichen Verteidigung wurde es unter der Kleidung versteckt getragen. Es existieren auch drei- und vierteilige Varianten des Nunchaku. (Foto 7).

7

SANSETSUKON (dreiteiliger miteinander verbundener Stock)

Es besteht aus drei, jeweils 70 cm langen, durch eine Schnur oder Kette miteinander verbundenen Stöcken. Dabei handelt es sich um eine sehr alte chinesische Waffe, zu der Beschreibungen in lokalen historischen Texten existieren. In diesen wird sie als "Shan-chieh-kun des Shaolin-Tempels" bezeichnet und als eine sehr lange, gegenüber anderen vorteilhaft ausgestattete Waffe beschrieben. Die Hauptbewegungen verlaufen rund und windmühlenartig. Sie kann aber auch wie ein Stock verwendet werden. Beim Gebrauch dieses Gerätes ist es besonders wichtig, den gesamten Körper in die Aktion einzubeziehen. Das Sansetsukon wird als "großer Bruder" des Nunchaku bezeichnet. Eine Legende besagt, dass General Yin Hon Yan, erster Kaiser der Song-Dynastie (960-1279) der Erfinder dieser Waffe war. In China hat sich auch ein kleineres Sansetsukon entwickelt, das ganz einfach transportiert und versteckt werden kann. (Foto 8)

SURUCHIN (Seil mit zwei Gewichten an den Enden)

Der Ursprung des Suruchin geht auf das Steinzeitalter zurück. Es wurde verwendet, um sich gegen wilde Tiere zu verteidigen. Ursprünglich stellte man die Schnur aus einer Baumrinde her, die Surukaa hieß und diesem Gerät einst seinen Namen gab. Die Suruchintechnik besteht darin, die Waffe mit dem Ziel kreisen zu lassen, Gelenke oder Hals des Gegners zu treffen oder zu umschlingen.

Es gab die Waffe auch schon lange auf Okinawa, doch gelangte sie erst mit Einführung der alten chinesischen Peitschentechniken (biân) zu entscheidender Bedeutung. Das Suruchin kann verschiedene Längen haben: 3 Shaku (90 cm), 5 Shaku (150 cm), 6 Shaku (180 cm) und 8 Shaku (240 cm). Die kürzeren Suruchins werden häufig zum Werfen verwendet, mit dem Ziel, sich um den Körper (Beine, Arme, Hals) des Gegners zu wickeln. Dem Suruchin ähnliche Waffen findet man nahezu auf der ganzen Welt, wo sie zur Selbstverteidigung, zur Jagd oder zum Einfangen von Zuchttieren (z.B. argentinische Bolas) entwickelt wurden. In alten Zeiten wurde das Gerät von einigen Spezialisten wie ein Gürtel getragen. Das Suruchin der Matayoshi-Schule besteht aus einer Schnur, die zwei durchbohrte Steine miteinander verbindet. Die Öffnungen erlauben es, die Steine

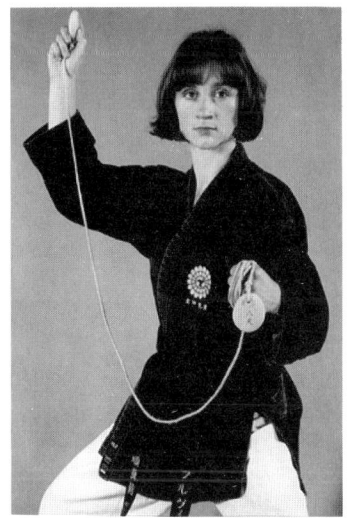

8   9

fest und sicher mit der Schnur zu fixieren. (Foto 9). Trotzdem gibt es aus jüngerer Zeit einige Formen dieser Waffe, bei denen die Schnur durch eine Kette ersetzt wird.

Kurze Waffen

KUWA (Hacke)

Der Ursprung dieser Kampfkunst ist vergleichbar mit der der Kama: es handelt sich nämlich um eine Technik, die der bäuerlichen Gesellschaftsschicht entstammt. Für die Angriffstechniken verwendet man folgende Teile: Klinge des Blattes, Spitze des Blattes und Griffende. Eine im Rahmen der Kata häufig angewandte Technik besteht darin, Erde in die Augen des Gegners zu schleudern und ihn anschließend mit der Kuwa zu treffen. Diese Technik wurde dank des Kontaktes der Bauern mit einigen Meistern der okinawesischen Kampfkünste sowie einigen chinesischen Experten immer raffinierter. Der Urtyp dieses Gerätes unterschied sich von der heutigen Form dadurch, dass anstelle einer Metallklinge ein Tierknochen am Stiel befestigt wurde (Abb. 2) Noch heute gibt es in Fuzhou und Shanghai (China) Experten im Umgang mit der chinesischen Kuwa (Foto 10).

Fig. 2

Doppelwaffen

SAI (Dreizack)

10

Diesem Dreizack aus Metall geht eine lange Geschichte voraus; ähnliche Waffen gibt es in zahlreichen ostasiatischen Ländern, so in China (T´ieh-ch´ih), in Indien und Indonesien. Man nimmt an, dass er von Seeleuten aus Sumatra oder Java auf dem Ryukyu-Archipel eingeführt wurde. Einer anderen Theorie zufolge wurde das Sai von chinesischen Mönchen, Hütern der Kampfkünste, auf Okinawa eingeführt. Die Waffen, die diese Mönche verwendeten, waren nichts anderes als vereinfachte und dem praktischen Gebrauch angepaßte Modifikationen einiger Gegenstände der antiken religiösen chinesischen und indischen Ikonographie - Machtsymbole zum Schutz der buddhistischen Lehre. Das Sai zum Beispiel scheint sich aus der Form des Schwertes der Indra, einer hohen Gottheit des Hinduismus entwickelt zu haben, die als Schutzheilige in den Buddhismus Eingang gefunden hat.

Auf der Insel Okinawa trugen und verwendeten einige im Dienst der Polizei stehende Unteroffiziere namens "Chikusaji" (Sergeant) diese Selbstverteidigungswaffe, die denen, die sich gegen eine Festnahme wehrten, entgegengeschleudert werden konnte. Der Zweck des Wurfes bestand darin, den flüchtenden Bösewicht zu Fall zu bringen, um ihn dann leicht einholen zu können. Diese Wurftechniken sind über verschiedene Kata erhalten geblieben. Ursprünglich verwendete man den Sai paarweise: einen für jede Hand. In einigen fortgeschrittenen Kata trägt der Kobudoka ein drittes Sai in seinen Gürtel geschoben vorne oder am Rücken. Das dritte Sai dient dazu, eine zuvor in Richtung des Gegners geworfene Waffe zu ersetzen. (Foto 11)

MATAYOSHI SAI (Sai mit "S"-förmiger Parierstange)

Hierbei handelt es sich um eine Variante des Sai, die man auch Manji-Sai nennt. Während der Griff mit dem des Sai identisch ist, ist die Glocke "S"-förmig konstruiert und somit identisch mit der der Nunti. Der Name "Matayoshi-Sai" (Sai des Matayoshi) rührt von der Tatsache her, dass Shinko Matayoshi der erste Experte Okinawas war, der diese Waffe in Anlehnung an ein ähnliches Gerät, das er in Shanghai (China) gesehen hatte, nachbaute. (Foto 12)

11   12

TUNKUWA (Abwehr mittels Unterarmgriff)

Hierbei handelt es sich um eine Waffe, die auch Tonfa, Tunfa oder Tuifa genannt wird. Sie wurde in Anlehnung an den Griff eines Spezialmörsers für Getreide sowie einiger anderer landwirtschaftlicher Geräte erfunden. Als improvisierte Waffe ist sie in den Händen eines geschickten Bauern von furchterregender Wirkung. Die Tunkuwa ist aus Holz und hat eine Länge von ca. 50 cm. Nach dreiviertel ihrer Länge beginnt ein senkrecht angebrachter, zylindrischer Griff, der einen effektiven Einsatz ermöglicht. Im Notfall konnte die Tunkuwa schnell eingesetzt werden, wobei es dem Feind nahezu unmöglich war, die Durchschlagskraft dieses scheinbar harmlosen Gerätes vorauszuahnen.

Es ist nicht mehr möglich, mit Sicherheit zu sagen, in welcher Epoche genau sich die Tunkuwa in eine Waffe "verwandelte". Das gleiche Werkzeug wird traditionell von zahlreichen Völkern des Fernen Orients, vor allem aber von den Chinesen, verwendet.

Einige Kung-Fu-Schulen lehren heute noch Tunkuwa-Kata, die man Kuai nennt. In Thailand gibt es ein der Tunkuwa sehr ähnliches Gerät, dessen Ende mit einer Schnur am Unterarm festgebunden wird.

Erwiesen ist die Tatsache - auch wenn sich die Spuren verloren haben - dass sich vor allem auf der Insel Okinawa der kriegerische Gebrauch der Tunkuwa ebenso durchgesetzt hat wie ein methodisches Vorgehen mit dieser Waffe. Die Erfahrung damit hat ihren Ursprung in der Selbstverteidigung, die in vielen Dörfern zur selben Zeit entstand.

Tunkuwa-jutsu erfordert vor allem die Behendigkeit des Handgelenks sowie eine genau bemessene Intensität des Zugreifens.

Die Geschwindigkeit der Armbewegungen und des Zurückschlagens (osame) nehmen ebenso eine bedeutende Stellung ein wie die Schnelligkeit beim Griffwechsel (mochikae).

KAMA (Sicheln)

Die Verwendung von Eisen zur Herstellung landwirtschaftlicher Geräte begann auf Okinawa vor ungefähr 700 Jahren. Zur gleichen Zeit wurden die ersten Waffen aus Japan und China eingeführt. Die Kama wurde als Waffe erstmals während eines Bauernaufstandes zur Zeit der drei Reiche im Jahr 1314 gegen den Herrn von Gyokujo eingesetzt. Im weiteren Verlauf kam Kama-jutsu mit den chinesischen Kampfkünsten in Berührung und entwickelte sich bis in unsere heutigen Tage weiter. Die Technik besteht aus der gleichzeitigen Verwendung zweier Sicheln. Eine Variante des Kama-jutsu sieht den Gebrauch von zwei mit einer Schnur (himo, tuki, nichogama) an den Handgelenken befestigten Sicheln vor. Manchmal ist es möglich eine Kama hinter dem Rücken in seinem Gürtel zu verstecken, um sie einem Gegner entgegen zu werfen. Die Kamatechnik ist derart effektiv, dass auch erfahrene Schwertkämpfer einem Kampf mit Experten dieser Waffengattung aus dem Weg zu gehen versuchten.

Klinge und Griff der Kama bilden einen Winkel von 90°. Bei gleichzeitiger Verwendung von zwei Kamas (nicho-gama) kann man mit den Klingen geeignete Winkel für jede Gelegenheit bilden, indem man einen Schereneffekt erzeugt, der dazu dient, unterschiedliche Körperteile anzugreifen und ggf. abzuschlagen. Die Kama war die Lieblingswaffe Shinko Matayoshis, der aufgrund seiner meisterhaften Beherrschung dieser Kunst auch "Kama no ti Matayoshi" (Matayoshi mit den Sichelhänden) genannt wurde. (Foto 14)

14

13

NUNTI ("S"-förmiger Dreizack)

Nunti bedeutet "Durchbohrungstechniken". In China existiert ein Handbuch namens Bubishi (nicht zu verwechseln mit dem gleichnamigen Werk aus Okinawa). Es handelt sich dabei um das älteste Handbuch über Kampfkünste, in dem von einer Waffe namens Saibu die Rede ist. In dem Handbuch wird behauptet, dass diese Waffe zur Zeit der Ming-Dynastie entstanden sei. Die Waffe, die an die Spitze eines Speers erinnert, wurde vor ungefähr 600 Jahren zusammen mit anderen Waffen von China aus auf Okinawa eingeführt. Meister Shinko Matayoshi erlernte die Kunst des Nunti-jutsu von dem alten chinesischen Meister Kingai in Shanghai (China) (Foto 15).

TINBEI (Schild)

Die Wiege des Tinbei-jutsu steht in China im Shaolintempel des Südens, wo man diese Kampfkunst "Dunfa" nannte. Dies ist eine der Techniken, die Shinko Matayoshi von dem alten und ehrwürdigen Meister Kingai erlernte. Zur Zeit der Auseinandersetzungen zwischen den drei Reichen (Sanzan jidai) wurde der Tinbei schon im königlichen Kampf eingesetzt.

Es handelt sich hierbei um einen Schild, der auf folgende Arten hergestellt werden kann:

* unter Verwendung der Rinde eines besonderen Baums namens "bin-lo". Diese Rinde wurde mit einem Spezialöl bearbeitet und behandelt, um sie in Form zu bringen und widerstandsfähiger zu machen.

* durch Konstruktion eines mit Rindsleder bespannten Bambusgestells

* aus Eisen

Auf den Schild malte man häufig das Symbol der Schule, der man angehörte. Ein anderer Brauch bestand darin, besondere Figuren auf den Schild zu malen, die dem Gegner Furcht einflößen sollten. Dieser Schild wird in Verbindung mit einem kleinen Schwert (Banto) verwendet; gemeinsam stehen beide für die Kampfkunst des Tinbei-jutsu. Verschiedene Schulen Okinawas verwenden derzeit einen aus dem Panzer einer

15 16

Meeresschildkröte hergestellten Tinbei zusammen mit einem kleinen Speer (Rochin). Ein solcher im Verlauf des letzten Jahrhunderts (vielleicht von M. Yabiku) eingeführter Brauch geht jedoch nicht auf die echte Tradition des Tinbei-jutsu zurück.

TEKKO (Schlagring mit Bügel)

Ursprünglich war der Tekko, was soviel wie Eisenhand oder Eisenmittelhand bedeutet, einfach ein in der Reiterei verwendeter Steigbügel, auf den man schnell zurückgreifen konnte und der leicht in einen sehr wirkungsvollen Schlagring zu verwandeln war. Der Tekko ist zudem eine Waffe, die problemlos versteckt und mitgenommen werden kann. In der paarweisen Verwendung dieses Gerätes zeigen sich Ähnlichkeiten zu verschiedenen traditionellen chinesischen Waffen. Bis in heutige Tage wurden noch keine alten Kata dieser Waffe entdeckt. Zur Beseitigung dieses Mangels haben einige Kobudomeister des 19. Und 20. Jahrhunderts neue Tekkokata kreiert, während sich andere Schulen verschiedene Karate-Kata für das Training mit diesem Gerät ausgesucht haben (Foto 17).

TECCHU (Zylindrischer Schlagring)

Der größte Teil der auf Okinawa existierenden Tecchu-Modelle wurde aus China eingeführt. In der Regel besteht diese Waffe aus Eisen, doch es sind auch Modelle aus Holz vorhanden. Ihr Ursprung ist ziemlich unsicher, wenngleich es ein chinesisches Tecchu-Modell gibt, das von einem von Fischern zur Reparatur der Netze verwendeten Werkzeug abstammt. Darüber hinaus existiert in Mikronesien eine ähnliche, als "Haiknöchel" bezeichnete Waffe, die aus Mangrovenholz hergestellt wird, auf das Haifischzähne appliziert werden. Der Tecchu eignet sich vor allem zur wirkungsvolleren Gestaltung einiger normalerweise beim Karate verwendeter Techniken. Deshalb wird er von Vielen eher als Karate-Zubehör denn als richtige und eigenständige Waffe eingestuft. Wie auch beim Tekko hat man bis heute keine alten Kata zu dieser Waffe entdeckt. Also kreierte man sie in neuerer Zeit, wohingegen sich andere Schulen dazu entschlossen, einige Karatekata mit dieser Waffe einzuüben (Foto 18).

17   18

6. DIE KOBUDO-KLEIDUNG UND IHR EMBLEM

Den Kobudo Okinawas praktiziert man so wie die anderen Kampfsportarten in besonderer Kleidung namens Gi, Keikogi oder Kobudogi. Zur Unterscheidung seiner Kobudoschule entschied sich Meister Matayoshi für die Verwendung einer schwarzen Jacke (die bei Karate verwendete ist weiß), einer weißen Hose und eines Gürtels, dessen Farbe dem Grad der Ausbildung entspricht. Der Ausgangspunkt für die Gründe dieser Wahl liegt in der Theorie von Yin-Yang (jap.: in-yo). Das Bild, das diese Theorie versinnbildlicht, wird durch das bekannte Symbol wiedergegeben, in dem der schwarze Teil Yin und der weiße Yang darstellt. Meister Matayoshi zufolge steht das Weiße für die Arbeit ohne Waffen (Karate), während das Schwarze die Arbeit mit den Waffen (Kobudo) repräsentiert. Eine ideale Ausübung der Kampfkünste liegt vor, wenn zwischen den beiden verschiedenen Disziplinen (Karate und Kobudo) Einklang besteht. Deshalb setzt sich der Anzug unserer Schule in Übereinstimmung mit der vorangehenden Theorie aus beiden Farben zusammen.

Abb. 3 Bildliche Darstellung von Yin und Yang

In dem Emblem unserer Schule stellt das äußere Bild eine Chrysantheme, Blume des Kaisers und Symbol Japans dar. Die in der Mitte liegende drei Zacken zeigende Abbildung war das Wappen der Ryukyu-Dynastie.
Japan umfaßt den Ryukyu-Archipel (heute Präfektur von Okinawa), und der Kobudo Okinawas ist heute wesentlicher Bestandteil des japanischen Budosports. Dies ist sehr wichtig und zeigt, dass sich die einst bäuerliche Fertigkeit des Kobudo von Okinawa sowohl in technischer als auch in geistiger Hinsicht so weiterentwickelt hat, dass sie nun das gleiche Ansehen wie die edelsten japanischen Kampfkünste genießt.

Abb. 4 Das Emblem der Kobudoschule des Meisters Matayoshi

7. GRADE UND QUALIFIKATIONEN

Alle diejenigen, die Kobudo von Okinawa betreiben, sind nach Graden (Kyu und Dan) entsprechend ihrer technischen Fähigkeiten und erworbener Erfahrung eingeteilt.

Es gibt acht Kyu für Kinder und sechs für Erwachsene, die sich durch verschiedene Gürtelfarben voneinander unterscheiden: weiß (sechster), gelb (fünfter), orange (vierter), grün (dritter), blau (zweiter) und braun (erster). Es folgen zehn Dan in aufsteigender Linie vom ersten bis zum zehnten.

Um von einem Grad zum nächsten zu gelangen, werden Prüfungen angesetzt, die auf einem vorgegebenen technischen Programm basieren.

Alle, die den schwarzen Gürtel besitzen und als Ausbilder in Europa zur Verbreitung des Kobudo von Okinawa beitragen möchten, können nach Absolvierung entsprechender Kurse und Prüfungen folgende Qualifikationen erlangen:

* Erste Stufe: Trainer (1. Dan)
* Zweite Stufe: Ausbilder (3. Dan)
* Dritte Stufe: Meister (5. Dan)

Neben den zuvor genannten Qualifikationen gibt es weitere, die ab dem 5. Dan erworben werden können und die auf die traditionelle japanische Klassifizierung zurückgehen:

* Renshi (Ausbilder) 5. und 6. Dan
* Kyoshi (Meister) 7. und 8. Dan
* Hanshi (Vorbild) 9. und 10. Dan

Zweiter Teil

BASISWISSEN

1. DIE WAHL DES GEEIGNETEN BO

Wie wir in dem der Beschreibung des Bo von Okinawa gewidmeten Kapitel gelesen haben, beträgt die Standardlänge des Stocks sechs Shaku (ca. 180 cm). Der Überlieferung zufolge begann die Verwendung des Stocks durch die Bevölkerung Okinawas vor ungefähr 600 Jahren. Erwiesenermaßen lag die durchschnittliche Körpergröße, wie auch bei den Völkern anderer Gebiete der Welt, bei den Japanern deutlich unter der der heute üblichen (wenigstens 150 bis 155 cm). Dies bedeutet, dass die Bo-Benutzer von damals mit einer Waffe übten, die ihre Körpergröße um 25 bis 30 cm übertraf, während die heutigen Benutzer (Japaner und Nicht-Japaner) mit einem Stock trainieren, der zuweilen sogar kürzer ist als sie selbst. Dies beeinflußt die Ausführung der Techniken und das damit zusammenhängende Empfinden erheblich, insbesondere in Bezug auf die Kampfdistanz (je länger der Bo, desto größer die Entfernung). Schenken wir diesen Tatsachen Beachtung, gelangen wir zu dem , dass die ideale Länge der Waffe der Größe ihres Benutzers angepaßt werden müßte. Es ist einleuchtend, dass eine Standardwaffe nicht für Jeden geeignet sein kann. Auch der Durchmesser des Stocks kann der Größe der Handinnenfläche angepaßt werden.

Fast alle im Handel befindlichen Bo sind lackiert. Dies hemmt das Gleiten bei der Anwendung der Nuki-Techniken (Angriff mit der Spitze verrutscht). Deshalb rät man dazu, den Lack vor der Verwendung eines neuen Stocks von der Oberfläche des Holzes zu entfernen.

Für die Paarübungen wird die Verwendung biegsamer Stöcke (aus Bambus, Plastik oder Gummi) empfohlen. Diese federn die beim Aufeinandertreffen mit dem Bo des Gegners erzeugte Wucht erheblich ab und verhindern so die ständigen Erschütterungen bei den Schlägen, die zu Wirbelsäulenschäden (Hals- und Lendenwirbel) führen könnten.

2. MOCHI - DER GRIFF

Beim Greifen unterteilen die Hände den Bo aus Okinawa in drei Abschitte: Die beiden Enden heißen "Kontei", den mittleren Teil nennt man "Chukonbu". Jedoch muss darauf hingewiesen werden, dass jede Schule unterschiedliche Bezeichnungen für die einzelnen Teile des Bo verwenden kann; dies geschieht oft nur, um sich von den anderen Schulen zu unterscheiden. Es ist ratsam, sich nicht von denen beindrucken zu lassen, die den Bezeichnungen der Kobudowaffen und ihrer Techniken allzu viel Bedeutung beimessen. Sicherlich sind diese für die Sportler hilfreich, doch häufig dient eine diesem Aspekt verliehene übertriebene Wichtigkeit nur dem Kaschieren praxisbezogener technischer Mängel.

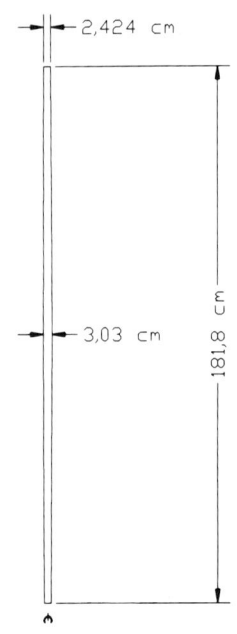

Die Länge des mittleren Abschnitts entspricht dem Abstand zwischen den Händen. Dieser Abstand kann natürlich nicht bei allen derselbe sein, doch muss er der Breite der Schultern entsprechen. Dies sorgt für einen Griff, der proportional zur eigenen Statur steht und erleichtert die Kontrolle der Waffe. Falsch ist es, die Waffe in drei gleiche Abschnitte einzuteilen; auf diese Weise (wir setzen die Standardlänge des Bo voraus) wäre der Abstand der Hände einer 1,60 m großen Person der gleiche wie der eines 1,85 großen Menschen, was die korrekte Ausführung der meisten Techniken verhindern würde. Die Meister Okinawas sagen oft, dass die Hände den Stock so greifen müssten als hielte man einen Spatz in der Hand. Hält man diesen zu fest, so erstickt er, hält man ihn zu locker, so fliegt er davon. Die Bedeutung dieser Aussage muss man vom dichterischen Aspekt losgelöst begreifen. Wir können sagen, dass der ideale Griff des Stocks so sein muss, dass er uns die Ausführung von Techniken gestattet, bei der die folgenden Anforderungen erfüllt werden: fließende Bewegung, korrekter Wechsel zwischen Kontraktion und Dekontraktion der Muskulatur (kime), Haltung des Stocks in Körpernähe.

Um die aufgelisteten Ziele zu erfüllen, wird der Griff so ausgeführt, dass die vier Finger der vorderen Hand (vom kleinen Finger bis zum Zeigefinger) unter den Stock fassen und der Daumen den Stock fest von oben umschließt. Die Haltung der hinteren Hand kann den Schulen von Okinawa gemäß variieren. Die von der Meister Mataoshi-Schule angewandte und von vielen anderen imitierte Form besteht darin, den Lauf des Stocks zu stoppen, indem man ihn zwischen Handgelenk und Unterarm anlegt. Die Hand ist mit der Innenfläche nach unten abgekippt und das Handgelenk gebogen (Foto 2). Diese Haltung bietet einen besseren Schutz des Körpers sowie eine größere Wucht vor allem bei seitlichen Hieben.

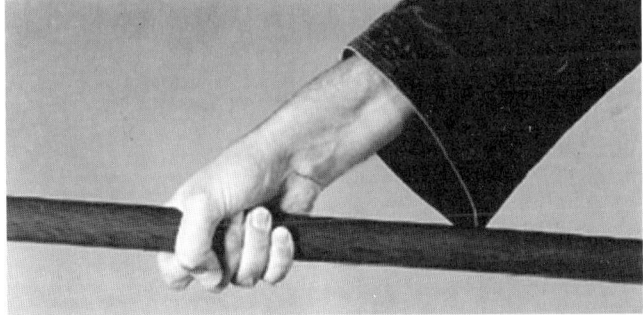

1

2

Bezüglich der Haltung des Bo gibt es verschiedene Varianten für die Positionierung der Hände.

Normaler Griff: Honte Mochi. Dies ist für die meisten Angriffs- und Verteidigungstechniken mit dem Bo der am häufigsten verwendete Griff. Beide Hände ergreifen den Bo im mittleren Bereich bei einem Abstand, der der Breite der Schultern entspricht. Die Handflächen beider Hände befinden sich in entgegengesetzter Haltung zueinander: die eine nach oben mit dem Daumen nach außen, die andere nach unten mit dem Daumen nach innen (Foto 3). Einen perfekten Griff dieses Typs erreicht man, wenn die mit der Handfläche nach oben gedrehte Hand mit der Stellung des nach vorne gesetzten Beins übereinstimmt.

Entgegengesetzter Griff: Gyakute Mochi. Dieser Griff weist die gleichen grundlegenden Eigenschaften wie der vorangehende auf mit dem einzigen Unterschied, dass sich die mit der Handfläche nach unten gehaltene Hand auf Höhe des vorderen Beins befindet. Mit Beginn des zweiten Blocks der Grundübungen (Bo Hojoundo Ni) findet dieser Griff sowohl bei den Verteidigungs- als auch bei den Angriffstechniken Anwendung. Bei abwechselnder Verwendung von Honte-mochi und Gyakute-mochi können wir die Angriffsrichtung schnell ändern, ohne dabei jeweils die Hände am Stock zu bewegen (Fotos 4 und 5).

3

4

5

Paralleler Griff: Heiko Mochi. Hierbei handelt es sich um eine Griffart, die normalerweise nur bei Êku- und Nunti-bo-Techniken zur Anwendung kommt, für den Umgang mit dem Bo jedoch leicht angepaßt werden kann. Es ist wahrscheinlich der einfachste und instinktiv am ehesten gewählte Griff überhaupt: Die parallel gehaltenen Hände ergreifen den Bo in der Mitte mit beiden nach unten gerichteten Handflächen (Foto 6). Der Abstand zwischen den Händen ist immer genauso groß wie die Breite der Schultern.

Langer Griff: Nagate Mochi. Diese Variante von Honte Mochi ist besonders wichtig, um Angriffstechniken mit enormer Wucht auf lange Distanz umzusetzen. Sie wird dennoch, im Rahmen der Kata auf höherem Niveau (Shiishi no kon), auch bei einigen Verteidigungstechniken angewandt. Die Hände umfassen den Bo auf die gleiche Art wie beim Honte Mochi mit einem einzigen, allerdings äußerst bedeutsamen Unterschied: man umfaßt nicht den mittleren Teil, sondern das hintere Ende (Foto 7). Auf diese Weise wird der vordere Teil länger und bewirkt dabei einen doppelten Effekt: 1.) Der Bo trifft auf größere Entfernung; 2.) die Waffe erreicht eine höhere Geschwindigkeit sowie mehr Wucht beim Auftreffen dank des größeren Gewichts im vorderen Bereich. Die Länge des hinten verbleibenden Teils des Bo entspricht der Länge des Unterarms.

6

7

Achtung: Auch bei diesem Griff ist es wichtig, dass der Abstand zwischen den Händen der Schulterbreite entspricht.

3. MOCHIKAE - GRIFFWECHSEL

Die Kampfkunst des Bo erfordert eine große Beweglichkeit und Gewandtheit des Handgelenkes sowie die Fähigkeit, schnell und fließend von einem Griff zum anderen zu wechseln. Aus diesem Grund sollte das Studium der Griffwechsel mit absoluter Genauigkeit erfolgen. Zu Beginn müssen die Übungen langsam ausgeführt werden. Mit zunehmender Fertigkeit kann das Tempo gesteigert werden, wobei der größtmögliche Bewegungsfluß beizubehalten ist.

Direkter Wechsel: Jun Mochikae. Dieser Grundwechsel wird ohne Ausführung einer Drehbewegung am Stock vollzogen. Jun-mochikae besteht nämlich aus einem nacheinander erfolgenden Griffwechsel beider Hände, wobei eine exakte Reihenfolge je nach Art der Ausgangsstellung eingehalten wird. Wechselt man den Griff z.B. von Honte-mochi rechts nach Honte-mochi links, so wird zuerst die rechte (vordere) Hand bewegt. Wechselt man hingegen den Griff von Gyakute-mochi rechts nach Gyakute-mochi links, so wird zuerst die linke (hintere) Hand bewegt. In beiden Fällen wird zuerst die Hand bewegt, die den Griffwechsel leichter bewirken kann.

8

9

Um den Griff zu wechseln, dürfen die Hände niemals den Kontakt mit dem Bo verlieren, was nur möglich ist, wenn man sich auf die Handfläche stützt. Auf diese Weise ist es möglich, auch während eines Griffwechsels, der zu den heikelsten und problematischsten Momenten beim Umgang mit dem Bo zählt, die vollständige Kontrolle über die Waffe zu behalten. Die Fotos 8 bis 12 zeigen den korrekten Mochikae von Honte-mochi rechts nach Honte-mochi links.

10

11

12

Drehwechsel: Kaeshi Mochikae. Dieser Wechsel erfolgt durch eine vertikale 180°-Drehung mit dem Stock. Mit der Ausgangsposition des Honte-mochi-Griffs beginnend öffnest Du die Hände und näherst eine nach der anderen der Mitte des Stocks, wobei Du ihn gleiten läßt, ohne den Kontakt mit ihm zu verlieren. Lass den Bo vor Dir selbst kreisen und breite dabei die Hände bis zur Ausgangsposition aus, jedoch mit umgekehrtem Griff (Fotos 13 bis 16). Auf diese Weise wird der Griffwechsel flüssiger, für die Kontrolle des Bo allerdings auch riskanter. Es kann leicht geschehen, dass der bei diesem Griffwechsel getroffene Bo der Kontrolle des Ausführenden entgleitet und zu Boden fällt. Kaeshi-mochikac ist ein nur im Falle absoluter Sicherheit empfohlener Griffwechsel; jedenfalls ist er eine hervorragende Übung, um eine gewisse Vertrautheit sowie eine größere Kontrolle über den Bo zu erlangen.

Zum Schluss dürfen wir die charakteristischen Grundlagen für die Ausübung eines korrekten Griffwechsels nicht vergessen:

* Stock nahe am Körper halten;
* Finger- und Handgelenke, Ellenbogen und Schultern locker lassen;
* Griffwechsel in der vorgeschriebenen Reihenfolge (Jun-mochikae) mit einer Hand nach der anderen ausführen;
* Mit keiner der beiden Hände jemals den Kontakt mit dem Bo verlieren;
* Griffwechsel vor Ausführung der Technik vornehmen;
* Vergiss nicht, dass der Griffwechsel eine hervorragende Übung bei der Ausführung der individuellen Techniken ist, im wirklichen Kampf jedoch eine Lücke im Ablauf der Aktion darstellt, die sich für den Gegner zum Vorteil entwickeln kann.

13

14

15

16

Dritter Teil

GRUNDLEGENDES

1. DIE HOJOUNDO - VORBEREITENDE ÜBUNGEN

Das japanische Hojo bedeutet "helfen" und Undo heißt "Bewegung". Der Begriff Hojo-undo bezeichnet demnach die Gesamtheit der Bewegungen, die beim Erlernen der Kata-techniken helfen. Diese sind in Wirklichkeit nichts anderes als Bestandteile der traditionellen Kata. Das Studium des Bo sieht drei Hojoundo vor, von denen jede aus fünf Teilen besteht, die sich ihrerseits wieder aus einer oder mehreren Techniken zusammensetzen. Solche Techniken müssen abwechselnd rechts und links wiederholt werden und das sowohl in der Vorwärtsbewegung sowie beim Rückzug. Der Schwierigkeitsgrad wächst in aufsteigender Linie. Somit ist die erste Hojoundo die leichteste, während es sich bei der dritten um die schwierigste handelt.

Das Studium der Hojoundo ist erforderlich, um einigermaßen unbefangen mit dem Bo umgehen zu können, bevor man mit dem Erlernen der Kata beginnt. Letztere sind normalerweise recht lange und komplizierte Übungen. Es wäre also ziemlich schwierig das Studium des Stocks sofort mit den Kata zu beginnen. Aus diesem Grund hat Meister Matayoshi diese drei Serien vorbereitender Übungen entwickelt. Gewöhnlich beginnen Kobudo-Lektionen nicht mit Aufwärmgymnastik, weil von alters her ein Prinzip galt, nach dem derjenige, der eine Kampfkunst ausübt, zu jeder Zeit und in jeder Situation bereit sein muss, die geeignete Waffe einzusetzen. Deshalb beginnt jede Kobudo-Lektion mit der in Geschwindigkeit und Kraft dem Niveau der Teilnehmer angepaßten Ausführung der Hojoundo.

Der Rhythmus der Ausführung ist bei den Hojoundo äußerst wichtig. Er wird von dem Lehrer oder seinem Assistenten vorgegeben. Zu Beginn sollte ein gut gewählter, nicht zu schneller Rhythmus angewendet werden, so dass alle Teilnehmer die wichtigen Aspekte zu jeder Zeit nachvollziehen können; Fußstellung, Abstand der Hände, Höhe des Stocks, Winkel des Stocks, usw. Man darf nicht vergessen, am Ende einer jeden Sequenz den Kiai (Kampfschrei) auszustoßen.

Es es wichtig, dass die mit der Leitung der Hojoundo betraute Person, in der Lage ist, ihre Kommandos für alle Übenden hörbar zu artikulieren. Die Anweisungen müssen laut und verständlich gegeben werden. Aus ihrem Ton heraus muss verständlich werden, mit welcher Intensität die Technik auszuführen ist. Nehmen wir die Ausführung einer Hojoundo an, bei dem die Techniken fünfmal voranschreitend und fünfmal zurück-weichend ausgeführt werden, lautet die Übersetzung der Anweisungen wie folgt:

a) Rei	Begrüßung
b) Yoi	Fertig
c) Ichi, ni, san, shi, go	Eins, zwei, drei, vier, fünf (Vorwärtsbewegung)
d) Ushiro	Zurück
e) Ichi, ni san, shi, go	Eins, zwei, drei, vier, fünf (Rückwärtsbewegung)
f) Kamae	Ausgangsstellung - Erneuter Beginn bei c) usw.

Auf diese Weise bewegen sich die Übenden auch bei einer hohen Teilnehmerzahl entschlossen und in Einklang miteinander.

2. TACHI KATA - DIE GRUNDSTELLUNGEN

Die richtige Ausübung der Kampftechniken erfordert eine perfekte Beherrschung der Bein- und Fußstellung (tachi). Eine solche Beherrschung muss die Ausführung jeder Bewegung mit Kraft, Schnelligkeit und Präzision gestatten. Die Stellung ist somit die Grundlage der Technik. Bevor man sich an die Ausübung der Hojoundo heranwagt, ist es wichtig deren korrekte Ausführung zu erlernen.

In unserer Schule sind die Bein- und Fußstellungen **ähnlich** wie im Karatesport, jedoch nicht völlig gleich. Dies liegt an der Tatsache, dass die Ausführung der Techniken mit dem Stock anstelle der bloßen Hände einen anderen Körpereinsatz erfordert und die Stellungen diesen Anforderungen angepaßt werden müssen.

Es folgt in Reihenfolge ihres Auftretens eine Auflistung der erforderlichen Stellungen für die Ausführung der in diesem Buch gezeigten Techniken.

Musubi dachi - Grußstellung. Fersen geschlossen und Zehenspitzen auseinander in einem Winkel von ca. 45° (Foto 1).

Heiko dachi - Parallelstellung. Der Abstand der parallel zueinander stehenden Füße entspricht der Schulterbreite (es gibt mehrere Ausführungen dieser Stellung) (Foto 2). Eine Variante dieser Stellung besteht darin, einen Fuß vor den anderen zu setzen, wobei sich die Ferse auf gleicher Linie mit der Spitze des hinteren Fußes befindet; In diesem Fall bezeichnet man die Stellung als Mae-ashi Heiko Dachi (Foto 3).

1

2   3

Zenkuzu dachi - Stellung mit nach vorn verlagertem Gewicht. Der vordere Fuß ist nach vorne ausgerichtet, der hintere ist in einem Winkel von ca. 45° nach außen gestellt. Das vordere Knie ist gebeugt und befindet sich in einer Senkrechten über den Zehen. Das hintere Bein ist halbgestreckt. Im Vergleich zu Karate ist die Weite der Stellung geringer, um dem Körper eine größere Drehung auf horizontaler Ebene zu ermöglichen (Foto 4). Diese Drehung ist unbedingt erforderlich, um den Angriffen mit dem Stock Kraft zu verleihen, da sich beide Hände im Gegensatz zu Karate an einem und demselben Gegenstand befinden.

Nekoachi dachi - Katzenstellung. Der vordere Fuß ist nach vorne ausgerichtet, der hintere Fuß ist in einem Winkel von ca. 45° nach außen gestellt. Das hintere Knie ist gebeugt und befindet sich senkrecht über den Zehen des selben Fußes. Das Gewicht lastet hauptsächlich auf dem hinteren Bein (Foto 5). Im Vergleich zu Karate ist diese Stellung etwas länger, und der Körper nimmt von der Seite her gesehen die Hanmi-Stellung ein, um dem Gegner eine kleinere Angriffsfläche zu bieten.

4

5

Kokuzu dachi - Stellung mit nach hinten verlagertem Gewicht. Dies ist die gleiche Stellung wie Zenkuzu-dachi, jedoch mit hauptsächlich auf das hintere Bein verlagertem Gewicht. (Foto 6).

Maeashi Shizentai dachi (Moto dachi) - Natürliche Stellung mit einem nach vorn gestellten Fuß. In unserer Schule weist diese Position folgende Merkmale auf: Vorderer Fuß nach vorne ausgerichtet, hinterer Fuß in einem Winkel von ca. 45° nach außen gestellt, Gewicht gleichmäßig auf beide Beine verlagert, die halb gestreckt sind (Foto 7).

Shiko dahi - Stellung mit gespreizten Beinen. Beide Füße ungefähr 45° nach außen gedreht mit den Knien senkrecht darüber. Der Abstand zwischen den Füßen ist größer als die Breite der Schultern (Foto 8). In Hinblick auf den Gegener können wir drei verschiedene Varianten dieser Stellung unterscheiden: 1) Shomen, wenn der Angreifer gegenüber steht; 2) Naname, wenn wir uns diagonal zu ihm befinden; 3) Yoko, wenn der Angreifer seitlich postiert ist.

6

7

8

9

Sho-zenkuzu dachi - (kurzes Zenku-zu-dachi). Es handelt sich hierbei um eine Variante der Zenkuzu-Stellung, bei welcher der Abstand um ca. 30% kürzer ist (Foto 9).

Naname Zenkuzu dachi - diagonale Stellung mit nach vorn verlagertem Gewicht. Bei dieser Variante des Zenku-zu-dachi ist es möglich, einem gegnerischen Angriff auszuweichen und gleichzeitig einen Gegenangriff einzuleiten (Foto 10).

Kosa dachi - Überkreuz-Stellung. Dies ist normalerweise eine Übergangsstellung, die man erhält, wenn man einen Fuß vor dem anderen kreuzt (Foto 11).

10

11

Shita Kokuzu dachi - Niedrige Stellung mit nach hinten verlagertem Gewicht. Es handelt es sich um eine Variante des klassischen Kokuzu-dachi. In dieser gestreckteren und niedrigeren Position wird die Ferse des hinteren Fußes leicht angehoben (Foto 12). Die Stellung wird bei den alten Kata angewandt: Shushi no kun und Sakugawa no kun.

Eine korrekte Stellung bei der Ausübung der weniger edlen Künste ist nicht vollständig, wenn sie nicht von einer in den Grundzügen richtigen Haltung begleitet wird. Rücken und Nacken müssen gerade sein, das Kinn gesenkt. Die Schultern befinden sich in tiefer und entspannter Haltung. Die Summe dieser Anforderungen verleihen der Stellung (Shisei) ein vollkommeneres und kriegerischeres Aussehen und ermöglichen dem Budoka eine bessere Atmung und eine höhere Geschwindigkeit bei der Ausführung. In jedem Fall tut man gut daran - da jedem menschlichen Wesen eine ureigene Körperhaltung zueigen ist - die besondere Statur eines jeden unbedingt zu respektieren, um die Körperhaltung zu verbessern.

Darüber hinaus darf man einen anderen wichtigen Aspekt der Shisei-These nicht außer Acht lassen: Die geistige Einstellung. Diese innere Einstellung wird in Form eines extrem rationalem technischen Verhaltens umgesetzt, das Fehlern, Unaufmerksamkeiten und unangemessen Aktionen keinerlei Spielraum läßt.

12

KYÛSHO - DIE VITALEN PUNKTE

Alle Angriffstechniken, die man in den Kampfsportarten erlernt, zielen darauf hin, einen vitalen Punkt zu treffen. Was das Bo-Studium betrifft, muss man sich vor Augen halten, dass es äußerst wichtig ist, die zu treffenden vitalen Punkte zu kennen, da es sich hier um eine Holzwaffe ohne Klinge handelt. Das Wissen über den exakt zu treffenden Punkt hat sich inzwischen zu einem Vorzug weniger klassischer Schulen entwickelt und verschwindet immer mehr. Viele Kampfsportler glauben, es reiche aus, mit Kraft und Schnelligkeit zu treffen, um Wirkung zu erzielen, aber das stimmt ganz und gar nicht. Die Angriffstechniken erzielen eindeutig unterschiedliche Wirkung, die von folgenden Kriterien abhängt:

* Stelle des Auftreffens (Kyûsho);
* Verlauf des Schlages/Stoßes,
* Intensität des Auftreffens (Masse x Geschwindigkeit);

Der Ausübende muss diese grundlegenden drei Aspekte der Technik folglich von Beginn an kennen und lernen, die eigenen Angriffe und Gegenangriffe mit dem Ziel zu kontrollieren, die Übungspartner vor ernsten Unfällen zu schützen.
Analysieren wir nun die besonders wichtigen vitalen Punkte, die in drei Hojoundos mit dem Stock von Bedeutung sind (Zeichnung 1) und die für Kampfsportler (Schüler und Lehrer) schon ein ausgezeichnetes Wissen darstellen.

Es werden außerdem einige Auswirkungen aufgelistet, die durch ein Treffen des entsprechenden Kyûsho hervorgerufen werden können. Diese Auswirkungen können partiell oder ganzheitlich auftreten.

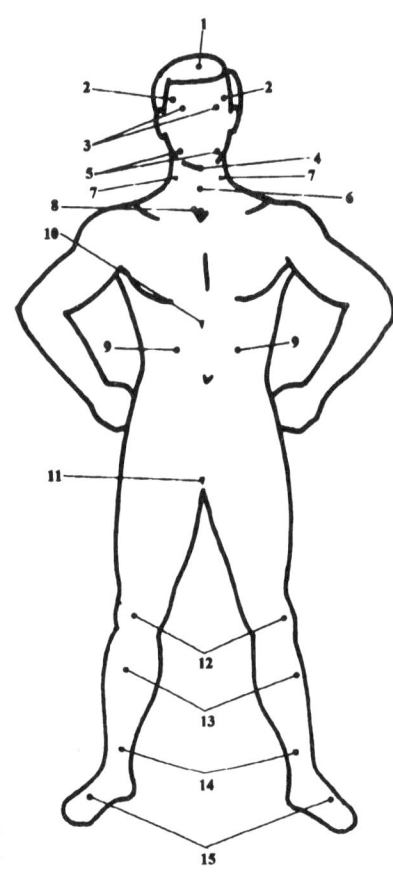

1. **Tento** - Kronnaht. Dies ist der Verbindungspunkt zwischen dem Stirnknochen und den Scheitelbeinknochen des Schädels. Auswirkungen: Gehirnerschütterung, vorübergehende Erblindung, Bewusstlosigkeit, Hirnblutung, Tod.
2. **Kasumi** - Schläfen. Außenknochen aus dem Keilbein sowie der Schläfengegend hervorstehend. Auswirkungen: Hirnblutung, Gehirnerschütterung, Schock, Tod.
3. **Gansei** - Augen. Auswirkungen: Schmerz mit Tränenfluß, Schock, Bewußtlosigkeit, dauerhafte Erblindung, Verlust des getroffenen Auges.
4. **Kagaku** - Kinnspitze. Auswirkungen: Schock, Bewußtlosigkeit.
5. **Mikazuki** - Kiefergelenk. Auswirkungen: Schäden durch Ausrenken oder Bruch des Kiefers, Verlust der nervlichen Koodinierung, Verlust sensorischer und motorischer Funktionen.
6. **Nodo botoke** - Adamsapfel. Auswirkungen: Luftröhrenschädigung, Unterbrechung der Atemfunktion, Bewußtlosigkeit und / oder Tod durch Ersticken.
7. **Keydo myakubu** (Matsukaze) - Bereich der Halsschlagader. Auswirkungen: Schädigung des Vagusnervs, Verlust der sensorischen und motorischen Funktionen, Schock, Bewußtlosigkeit und Tod durch Schädigungen des zerebralen Blutkreislaufs.
8. **Hichu** - Vertiefung im oberen Brustbeinbereich. Befindet sich im unteren Bereich des Halses oberhalb des Brustbeins. Auswirkungen: Luftröhrenschädigungen mit Verletzung der Halsschlagader, Bewusstlosigkeit, Tod durch Ersticken.
9. **Denko** - Brustkorb (zwischen der 7. Und 8. Rippe). Auswirkungen: Lungenschädigung, Leberverletzung verursacht durch Verlust der Nervenfunktion zwischen der Leber selbst und der Lunge (rechte Seite) sowie zwischen der Milz und dem Magen (linke Seite), mögliche Herzschädigungen verursacht durch Rippenbrüche.
10. **Suigetsu** - Solarplexus (Einbuchtung knapp unterhalb des Brustbeins). Auswirkungen: Unterbrechung der Atemfunktion, Unterbrechung sämtlicher Nervenfunktionen, Verletzungen an Leber- und Magen, unheilbare strukturelle Schädigungen, Tod.

11. **Kinteki** - Hoden. Auswirkungen: Verletzungen der Arterien und Nerven im Leistenbereich mit Verlust der sensorischen und motorischen Funktionen. Die Hoden werden nach oben gedrückt, was zur Unterbrechung der Atemfunktion, Bewußtlosigkeit, oder Tod führt.

12. **Hiza kansezu** - Kniegelenk. Auswirkungen: Kapsel- und Gelenkschäden, Schädigung der Motorik des Beins, Verlust des Gehvermögens.

13. **Kokei** - Schienbein. Auswirkungen: Akutes Trauma und Schmerzen der Beinnerven mit Verlust des Gehvermögens in manchen Fällen mit starkem Nasenbluten und Bewußtlosigkeit einhergehend.

14. **Kuru bushi** - Knöchel. Auswirkungen: Akute Schädigung der Schienbeinarterie mit anschließender Gefühllosigkeit im Bein. Knapp über dem innen liegenden Fußknöchel befindet sich ein Akupunkturpunkt namens San Yin Jiao: Dreiwegekreuzung (Leber, Harnblase, und Nieren). Ein präziser Schlag auf diese Stelle bewirkt eine Lähmung von Gliedern sowie einen Kreislaufkollaps.

15. **Sokko** - Fußrücken. Auswirkungen: Schädigung der Beinnerven, Schmerzen in Unterleib, Hüfte und Beinen, Verlust der motorischen Funktion.

Zu den voranstehend genannten Auswirkungen können weitere hinzukommen, die von Schädigungen der Meridiane des Körpers herrühren, energetischer Kanäle, auf denen die Anwendung der Akupunktur basiert. Die Beschäftigung mit diesen ebenso zerstörerischen Auswirkungen, kann individuell als weitergehende persönliche Auseinandersetzung mit der Stockkampfkunst angegangen werden.

4. RICHTUNGSVERLAUF DER SCHLÄGE

Es ist äußerst wichtig, den Richtungsverlauf der direkten Schläge gegen die oben aufgeführten lebenswichtigen Punkte genau zu kennen. Solch ein Richtungsverlauf ist das Ergebnis langjähriger Erprobung und Erfahrung im wirklichen Kampfgeschehen durch die größten Meister der Vergangenheit. Auf die Frage: "An welcher Stelle des Körpers erzielen meine Schläge größere Wirkung?" stellt sich diesen Meistern sofort eine weitere: "Welches ist der ideale Richtungsverlauf, damit ein Schlag die größte Wirkung entfalten kann.?" Für uns ergibt sich die Antwort, klar und verwendbar aus den Hojoundo, die das wahre Fundament der gesamten Kampfkunst rund um den Bo aus Okinawa bilden.

Die Hauptschlagrichtungen, die man in den drei Bo-Hojoundo erlernt, sind folgende:

1.) Vertikal absteigend
2.) Diagonal absteigend
3.) Horizontal
4.) Rundum aufsteigend
5.) Gerade
6.) Rundum absteigend
7.) Aufsteigend
8.) Rundum auf der horizontalen Ebene

5. REISHIKI - DIE ETIKETTE

Die Ausübung von Kampfsportarten beginnt und endet mit dem Gruß. Diese Form von Respekt und Höflichkeit drückt sich in einem leichten Vorbeugen des Oberkörpers aus. In Japan wird dieser Gruß auch im Alltagsleben praktiziert und verkörpert eine der Angewohnheiten, die abendländischen Beobachtern am meisten auffällt. Im Bereich der Kampfsportarten hat der Gruß eine noch tiefer gehende Bedeutung, die in ihrer Gesamtheit vor allem von nicht japanischen Kämpfern verstanden werden sollte, die also nicht mit jener Kultur vertraut sind, die die Kampfkünste hervorgebracht hat.

Die Etikette bereitet den Kämpfer vor allem geistig vor und unterstützt ihn beim Übergang vom Alltagsleben zum intensiven Training im Innern des Dojo. Dabei hilft sie ihm, zur rechten Konzentration zu finden und versetzt ihn in die Lage, die Techniken mit mehr Präzision und Kraft auszuführen.

Die zur Ausführung dieses oft komplizierten Rituals erforderliche Aufmerksamkeit vertreibt nahezu vollständig die Gefahr der Ablenkung. Außerdem sollten die damit einhergehende Demut und Bescheidenheit den Ausführenden ermutigen, ihm eigene Gefühle von Hochmut und Eitelkeit zu mindern.

Man darf jedoch nicht vergessen, dass die Etikette nichts anderem als der angemessenen Eröffnung eines ernsthaften und intensiven Trainings dient. Sie muss aber nicht, wie dies in manchen Fällen geschieht, zu einem vorherrschenden Element hochstilisiert werden.

Die Etikette des Dojo manifestiert sich vor allem im Gruß (Rei). Zu Beginn und zum Ende der Lektion führt man den gemeinschaftlichen Gruß in kniender Stellung (Zarei) aus, während der gegenseitige Gruß zwischen den Übenden in aufrechter Haltung (Rizurei) erfolgt. Die Fotoreihe von 13 bis 18 zeigt, wie man den Gruß aus dem Stand richtig ausführt und wie man die Anfangsstellung (yoi) einnimmt.

13   14

* Kiotsuke, Musubi dachi mit Stock unter der rechten Achsel und Honte-mochi-Griff (Foto 13)
* Rei (Foto 14)
* Zurückbringen des Oberkörpers in die aufrechte Stellung (Foto 15)
* Drehen des Stocks um 180° im Uhrzeigersinn, wobei er zwischen dem Deltamuskel und dem Brustblatt (Foto 16) liegt.

5

16

* Versetzen des linken Beins in die Heiko dachi-Stellung. Die linke zur Faust geschlossene Hand auf die linke Seite bringen (Foto 17).

* Stock mit der rechten Hand heben, während die linke Hand im Uhrzeigersinn eine kreisförmige Bewegung nach oben ausführt. Den Stock mit der linken Faust in Stirnhöhe umgreifen, während der Oberkörper nach vorn gebeugt wird (Foto 18).

Wichtig: Während dieser gesamten Bewegungsabfolge darf der linke Arm nie vor die Augen geraten. Der Blick muss jederzeit frei von Sichtbehinderungen sein.

6. KAMAE - DIE STELLUNG

Im Umfeld der japanischen Kampfsportarten hat das Studium der Stellungen (Kamae) schon immer große Bedeutung gehabt und sich besonders während der präfeudalen Epoche (17.Jh.) entwickelt. Auch beim Kobudo von Okinawa hat jede Waffe ihre eigenen Kamae. Diese wurden zu unterschiedlichen Zwecken von ihren Schöpfern erprobt. Experten, haben ihre Erfahrungen aus dem echten Kampf mit den Waffen bis in unsere heutigen Tage in die Kata eingebracht. So gibt es Stellungen, die den Zweck haben, einen besonderen Teil des Körpers zu schützen, andere, die dazu dienen, den Gegner zu verwirren oder seine Konzentration zunichte zu machen und wieder andere, die die Absicht verfolgen, den Gegner zu einem Angriff auf eine bestimmte Stelle "einzuladen", um ihn dann leichter ausschalten zu können.

Nachfolgend wird nun die wichtigste Stellung des Bo-Kampfsports illustriert: Chudan no Kamae im Nekoashi-dachi: Langsames und konzentriertes Einnehmen der Position Migi (rechts) Hanmi (Profil) Nekoashi-dachi, wobei der Bewegungsablauf von einem tiefen Ausatmen begleitet wird, das aus dem Seika tanden (unterhalb des Nabels liegender Bereich) hervorgeht. Dabei sind abrupte oder schnelle Bewegungen zu vermeiden. Der

17

Bo wird diagonal auf der linken Seite nach unten weisend, zur Rechten nach oben zeigend gehalten, wobei sich die Spitze in Augenhöhe befindet. Die linke Hand umfaßt den Stock und stützt sich auf dem Gürtel ab, wobei die Handinnenfläche diesem zugewandt ist. Die rechte Hand hält den Stock mit nach außen gewandtem Handgelenk so, dass ein mit der Spitze geführter Angriff an der Außenseite des Körpers abgleiten könnte. Der rechte Ellenbogen ist nach unten, jedoch nicht nach innen gerichtet, da dies eine unnötige und schädliche Kontraktion des Bizeps und des Deltamuskels auslösen würde, was die Möglichkeit einer schnellen und flüssigen Reaktion beeinträchtigen würde (Fotos 19 und 20).

19 20

Vierter Teil

DIE HOJOUNDO

1. BO HOJOUNDO ICHI

Diese erste vorbereitende Übung sieht das Erlernen von sechs Grundtechniken vor, die in fünf Sequenzen eingeteilt werden. Diese Sequenzen werden zuerst in der Vorwärtsbewegung und dann in der Rückwärtsbewegung ausgeführt. Die erste Technik (Jodan Uchi) wird aus der Yoi-Stellung heraus ausgeführt und geht am Ende in Chudan kamae (rechts) über. Alle anderen Sequenzen werden aus dieser letzten Stellung heraus begonnen. Um alles optimal nachvollziehen zu können, wird empfohlen, sich von Beginn an auf folgende Schlüsselpunkte einer jeden Technik zu konzentrieren:

      1)   Ausrichten des Bo
      2)   Richtungsverlauf
      3)   Ziel

Benutze dieses Buch unter Verwendung der Kyûsho und der Grundstellungen (tachi-kata) in der unter den entsprechenden Abschnitten (Kapitel 3) enthaltenenen ausführlichen Beschreibung.

1. JODAN UCHI

Bedeutung: Schlag aus dem oberen Bereich des Körpers
Kyûsho: 1
Richtungsverlauf: Vertikal absteigend
Stellung: Zenkuzu dachi

1

1b

2

2b

Gehe in Stellung, lege die rechte Hand auf die rechte Schulter, Handgelenk gebeugt, Ellenbogen ungefähr im 45° Winkel nach außen weisend (Fotos 1 und 1b). Die linke Hand, die sich auf Höhe des Solarplexus befindet, hält die Spitze des Stocks in Höhe des Gürtels. Führe den Schlag vertikal verlaufend aus und stoppe die vordere Spitze des Bo in Höhe des Gesichts (Fotos 2 und 2b).

2. JODAN NANAME UCHI
Bedeutung: Hoher Diagonalschlag
Kyûsho: 2 oder 5 oder 7
Richtungsverlauf: Diagonal absteigend
Stellung: Zenkuzu dachi
Gehe in Stellung, die rechte Hand seitlich vom rechten Brustblatt, spanne das Handgelenk an, führe den Ellenbogen nach innen. Die linke Hand hält den Stock diagonal vor dem Körper Fotos 3 und 3b). Führe den Schlag diagonal verlaufend aus und stoppe die vordere Spitze des Bo in Höhe der Schulter (Fotos 4 und 4b).

3   3b

4   4b

3. CHUDAN YOKO UCHI

Bedeutung: Mittelhoher seitlicher Schlag
Kyûsho: 9
Richtungsverlauf: Horizontal
Stellung: Zenkuzu dachi

Gehe in Stellung, die rechte den Stock haltende Hand auf Höhe des rechten Bizeps. Die linke, auf Höhe des Solarplexus befindliche Hand hält den Stock mit halbgestrecktem Arm in der Horizontalen (Fotos 5 und 5b).

Führe den Schlag horizontal verlaufend aus und stoppe die vordere Spitze des Bo in Höhe der Rippen (Foto 6 und 6b).

5   5b
6   6b

4. GEDAN YOKO UCHI

Bedeutung: Niedriger seitlicher Schlag
Kyûsho: 12 oder 13 oder 14
Richtungsverlauf: Diagonal absteigend
Stellung: Zenkuzu dachi

Gehe in Stellung, die rechte Hand seitlich vom rechten Brustblatt, spanne das Handgelenk an, führe den Ellenbogen nach innen. Die linke Hand hält den Stock diagonal vor dem Körper (Fotos 7 und 7b). Führe den Schlag diagonal nach unten verlaufend aus und stoppe die vordere Spitze des Bo in Höhe des Knies (Fotos 8 und 8b).

7   7b

8   8b

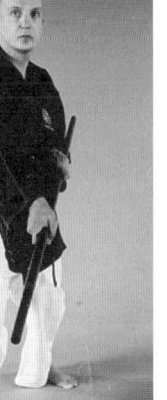

5. CHUDAN KAKE UKE - JODAN ZUKI

Bedeutung: Mittelhohe kreisförmige Parade - nach oben gerichtet
Kyûsho: (Verteidigung)* - 6 oder 8 oder 10
Richtungsverlauf: Kreisförmig (von innen nach außen) - Gerade
Stellung: Neko-ashi dachi - Zenkuzu-dachi
Kake Uke: Gehe in Stellung, wobei die linke Hand auf Höhe des Gürtels an der linken Seite abgestützt wird, während die rechte Hand die vordere Spitze des Stocks nach rechts unten hält (Foto 9). Führe eine kreisförmige Bewegung im Uhrzeigersinn aus und stoppe die Spitze des Stocks in Höhe der Augen (Fotos 10, 11 und 11b).

* Für die Verteidigungstechniken wird selbstverständlich kein Ziel angegeben.

9

10

11

11b

Jodan Zuki: Gehe durch Voransetzen des rechten Fußes in Zenkuzu-dachi über und belasse den Stock dabei in der vorherigen Position (Fotos 12 und 12b). Sobald Du die Position eingenommen hast, stoße die vordere Spitze des Stocks mit beiden Händen in Höhe der Kehle (Fotos 13 und 13b).

12

12b

13

13b

2. BO HOJOUNDO NI

Diese zweite vorbereitende Übung sieht das Erlernen von acht Grundtechniken vor, die in fünf Sequenzen eingeteilt werden. Die Sequenzen werden zuerst in der Vorwärtsbewegung und dann in der Rückwärtsbewegung ausgeführt. Die erste Technik (Gedan Harai Uke) wird aus der Yoi-Stellung heraus ausgeführt und geht am Ende in Chudan kamae (rechts) über. Alle anderen Sequenzen werden aus dieser letzten Stellung heraus begonnen.

1. GEDAN HARAI UKE - JODAN NANAME UCHI

Bedeutung: Niedrige Parade, Fegebewegung - Hoher Diagonalschlag
Kyûsho: (Verteidigung) - 2 oder 5 oder 7
Richtungsverlauf: Kreisförmig absteigend - diagonal absteigend
Stellung: Moto dachi - Zenkuzu-dachi

Gedan Harai Uke: Gehe in Stellung, die rechte Hand auf der rechten Schulter. Die linke Hand hält den Stock diagonal vor dem Körper (Foto 14). Führe die Parade diagonal nach unten verlaufend aus und stoppe die vordere Spitze des Bo in Höhe des Schienbeins (Foto 15).

Jodan Naname Uchi: siehe die zweite Technik des ersten Hojoundo (Fotos 16 und 17).

14

15

16

17

2. GEDAN HANE UKE - GEDAN NUKI-BO

Bedeutung: Niedrige Parade "Abpralltechnik" - Niedriger Lanzenangriff
Kyûsho: (Verteidigung) - 15
Richtungsverlauf: Diagonal absteigend (von der Seite her) - diagonal absteigend (nach vorn)
Stellung: Kokuzu dachi - Zenkuzu dachi

Gedan Hane Uke: Gehe in Stellung, die rechte Hand auf Gürtelhöhe über der rechten Hüfte. Die linke Hand hält den Stock nahezu horizontal vor dem Körper (Foto 18). Führe die Parade diagonal nach unten verlaufend aus und stoppe die vordere Spitze des Bo in Höhe des Schienbeins (Foto 19).

Gedan Nuki-Bo: Halte die rechte Hand still, während die linke Hand den Stock nach hinten hochzieht (Fotos 20 und 20b).

18

19

20

20b

Führe die Technik aus, indem Du den Stock mit der linken Hand vorwärts nach unten rammst. Der Stock gleitet über die Innenfläche der rechten Hand, die nicht bewegt wird (Fotos 21 und 21b). Ziehe den Stock links wieder hoch (Foto 22).

21

21b

22

3. SUNAKAKE

Bedeutung: Sand schleudern
Kyûsho: 3
Richtungsverlauf: Aufsteigend
Stellung: Neko-ashi dachi

Gehe in Stellung, indem Du den linken Arm waagerecht vor dem Rumpf hältst, während die rechte Hand die Stockspitze rechts unten hinter dem Körper hält (Fotos 23 und 23b). Führe eine direkt aufsteigende Bewegung aus und stoppe die Spitze des Stocks in Augenhöhe (Fotos 24 und 24b).

23   23b

24   24b

4. GEDAN OSAE UKE

Bedeutung: Niedrige, Druck ausübende Parade
Kyûsho: (Verteidigung) -
Richtungsverlauf: Kreisförmig absteigend
Stellung: Shiko dachi (ca. 45°)

Gehe in Stellung, indem Du den Stock diagonal vor dem Körper hältst: rechte Hand oben, linke Hand unten (Foto 25). Führe eine kreisförmige Bewegung gegen den Uhrzeigersinn aus und stoppe die Spitze des Stocks in Höhe des Schienbeins (Fotos 26, 27 und 27b).

25

26

27 27b

5. KAESHI UCHI - KAESHI ZUKI

Bedeutung: Umkehrschlag - Gerade, umgekehrt
Kyûsho: 4 oder 11 - 6 oder 8 oder 10
Richtungsverlauf: Aufsteigend - Gerade
Stellung: Sho-zenkuzu dachi - Zenkuzu-dachi
Kaeshi Uchi: Führe eine aufsteigende Bewegung aus, mit der Du die linke Stockspitze in Kinnhöhe bringst (gyakute mochi) (Fotos 28, 29 und 29b).

29

28

29b

Kaeshi Zuki: Gehe durch Voransetzen des linken Fußes in Zenkuzu-dachi über und belasse den Stock dabei in der vorherigen Position (Fotos 30 und 30b). Sobald Du die Position sicher eingenommen hast, stoße die Spitze des Stocks mit beiden Händen in Höhe der Kehle (Gyakute mochi) (Fotos 31 und 31b).

30

30b

31

31b

3. BO HOJOUNDO SAN

Diese dritte vorbereitende Übung sieht das Erlernen von fünfzehn Grundtechniken vor, die in fünf Sequenzen eingeteilt werden. Die Sequenzen werden zuerst in der Vorwärts-bewegung und dann in der Rückwärtsbewegung ausgeführt. Die erste Technik (Gedan Yoko Uke) wird aus der Yoi-Stellung heraus ausgeführt und geht am Ende in Chudan kamae (rechts) über. Alle anderen Sequenzen werden aus dieser letzten Stellung heraus begonnen.

1. GEDAN YOKO UKE - JODAN NANAME UCHI

Bedeutung: Niedrige seitliche Parade - Hoher Diagonalschlag
Kyûsho: (Verteidigung) - 2 oder 5 oder 7
Richtungsverlauf: Kreisförmig auf horizontaler Ebene - Diagonal absteigend
Stellung: Shiko dachi (ca. 45°) - Zenkuzu dachi
Gedan Yoku Uke: Richte den Stock fast vertikal auf der linken Seite des Körpers aus (Foto 32). Führe die Parade aus, indem Du den Stock mit einer leicht kreisförmigen Bewegung auf die rechte Seite des Körpers bringst (Foto 33).
Jodan Naname Uchi: siehe die zweite Technik des ersten Hojoundo (Fotos 34 und 35).

32

34

33

35

67

2. JODAN NAGASHI NANAME UCHI - JODAN NUKI

Bedeutung: Hoher, langer Diagonalschlag - Hoher Lanzenangriff
Kyûsho: 2 oder 5 oder 7 - 3 oder 6
Richtungsverlauf: Diagonal absteigend - Gerade
Stellung: Zenkuzu dachi - (Shiko dachi), Musubi dachi
Jodan Nagashi Naname Uchi: Es handelt sich um die Technik Jodan Naname Uchi (Bo Hojoundo Ichi usw.), die in diesem Fall unter Anwendung des Nagate-mochi-Griffs ausgeführt wird (Fotos 36 und 37).
Jodan Nuki: Nimm die Shiko-dachi-Stellung ein und ziehe den Stock mit der linken Hand nach hinten. Beuge dabei den rechten Arm, der als Stütze dient (Fotos 38 und 38b).

36

37

38b

38

Verlagere das linke Bein nach vorn (Musubi-dachi). Führe die Technik aus, wobei Du den Stock mit der linken Hand nach vorn stößt. Der Stock gleitet durch die Innenfläche der rechten Hand, die nicht bewegt wird (Fotos 39 und 39b). Hole den Stock mit der linken Hand in die Ausgangsposition zurück (Nagate-mochi) (Foto 40 und 40b).

39

39b

40

40b

3. CHUDAN NAGASHI UCHI - GYAKU GEDAN YOKO UKE - JODAN NANAME UCHI

Bedeutung: Langer Schlag gegen den Rumpf - Niedrige entgegengesetzte seitliche Parade - Hoher Diagonalschlag

Kyûsho: 9 - Verteidigung - 2 oder 5 oder 7

Richtungsverlauf: Kreisförmig aufsteigend - Kreisförmig auf horizontaler Ebene - Diagonal absteigend

Stellung: Zenkuzu dachi - Zenkuzu dachi - Zenkuzu dachi

Chudan Nagashi Uchi: Bringe Stock in Position, verwende den Nagate-mochi-Griff und halte beide Hände auf der linken Seite des Körpers in Höhe des Rumpfs (Fotos 41 und 42). Führe mit dem langen Teil des Stocks eine von außen nach innen verlaufende, kreisförmige, leicht ansteigende Bewegung aus (Foto 43) und stoppe die Spitze des Bo in Höhe der Rippen (Foto 44).

41

42

43

44

70

Gyaku Gedan Yoko Uke: Richte den Stock nahezu vertikal auf der rechten Seite des Körpers aus (Foto 45) und wechsle zum Honte-mochi-Griff über. Führe die Parade aus (Foto 46), indem Du den Stock mit einer leicht kreisförmigen Bewegung auf die linke Körperseite führst

Jodan Naname Uchi: Siehe die zweite Technik des ersten Hojoundo. Die Fortbewegung erfolgt in Form eines links ausgerichteten Zenkuzu dachi (Fotos 47 und 48).

46

45

47

48

4. GEDAN YOKO UKE - OSAE UKE - JODAN NANAME UCHI
Bedeutung: Niedrige seitliche Parade - Druck ausübende Parade - Hoher Diagonalschlag
Kyûsho: (Verteidigung) - 2 oder 5 oder 7

Richtungsverlauf: Kreisförmig auf horizontaler Ebene - Kreisförmig absteigend - Diagonal absteigend

Stellung: Shiko dachi (ca. 45°) - Zenkuzu dachi

Gedan Yoko Uke: Bringe den Stock nahezu vertikal auf der linken Seite des Körpers im Gyakute-mochi-Griff in Position. Führe die Parade aus und bringe den Stock mit einer leicht kreisförmigen Bewegung auf die rechte Seite des Körpers (Foto 49).

Osae Uke: Lass den Stock mit der rechten Hand eine im Uhrzeigersinn verlaufende Drehung machen. Senke dabei die linke Hand und führe die Bo-Spitze mit der rechten Hand in Augenhöhe (Gyakute-mochi) (Fotos 50 und 51).

Jodan Naname Uchi: Siehe die zweite Technik des ersten Hojoundo (Fotos 52 und 53).

49

50

52

51

53

5. GORENDA (Jodan Naname Uchi - Age Uchi - Jodan Otoshi Uchi - Gyakute Chudan Yoko Uchi - Jodan Naname Uchi)
Bedeutung: Hoher Diagonalschlag - Aufsteigender Schlag - Hoher absteigender Schlag - Halbhoher entgegengesetzter seitlicher Schlag - Hoher Diagonalschlag
Kyûsho: 2 oder 5 oder 7 - 4 oder 11 - 1 - 9 - 2 oder 5 oder 7
Richtungsverlauf: Diagonal absteigend - Aufsteigend - Vertikal absteigend - Horizontal - Diagonal absteigend
Stellung: Zenkuzu-dachi - Sho-zenkuzu dachi - Sho-zenkuzu dachi - Sho-zenkuzu dachi - Zenkuzu dachi
Jodan Naname Uchi: Siehe zweite Technik des ersten Hojoundo (Fotos 54 und 54b).
Age Uchi: Begib Dich durch Zurücksetzen des linken Fußes in Sho-zenkuzu-dachi und führe die rechte Hand auf die linke Schulter, während die linke Hand die vordere Spitze des Stocks bis auf Stirnhöhe anhebt (Fotos 55 und 55b).

54   54b

55   55b

Jodan Otoshi Uchi: Senke die sich rechts befindende Stockspitze mit der rechten Hand bis auf Höhe des Gesichts ab (Fotos 56 und 56b).

Gyakute Chudan Yoko Uchi: Die rechte Hand hält den Stock auf Höhe des rechten Bizeps. Die linke, sich auf Höhe des Solarplexus befindende Hand führt den Stock horizontal auf Höhe der Rippen (Fotos 57 und 57b).

56

56b

57

57b

Jodan Naname Uchi: Siehe die zweite Technik der ersten Hojoundo. Setze den rechten Fuß in die Zenkuzu-dachi-Stellung zurück (Fotos 58 und 58b).

58

58b

Fünfter Teil

DIE KUMIBO

1. EINFÜHRUNG

Das Erlernen des Bo-jutsu umfaßt außer den individuellen Übungen (Hojoundo und Kata) verschiedene Partnerübungen, deren Zweck darin besteht, die erlernten Techniken in Situationen des realen Kampfes anzuwenden.

In der Matayoshi-Schule gibt es folgende Formen des Kumibo:

- YAKUSOKU KUMIBO - Festgelegter Kampf. Bei dieser Form des Trainings kennen beide Kämpfer von vornherein die wechselseitigen Aktionen. Es handelt sich dabei um die elementarste Übungsform. Sie dient dem Erwerb der Grundfertigkeiten für den Kampf.

- JIYU IPPON KUMIBO - Der einem Angriff geltende Kampf. Dies ist die zweite Stufe beim Erlernen des bewaffneten Kampfes. Ein Kämpfer kündigt die Technik an, die er in einer Weise ausführen wird, die es seinem Gegenüber erlaubt, die am besten geeignete Verteidigung anzuwenden.

- JIYU KUMIBO - Freier Kampf. Diese Form des Kampfes erfordert jahrelange Vorbereitung und kann natürlich nur mit leichten Waffen (Gummi, Bambus) und unter Verwendung geeigneter Schutzkleidung durchgeführt werden.

Der Begriff "Kumibo" kann mit "Stockkampf" übersetzt werden. Die Kumibo sind Bestandteil der Gruppe der Yakusoku-kumibo (herkömmliche Kampfarten) und nichts anderes als die paarweise Ausübung der Hojoundo. Es existieren also drei Kumiboformen mit vom ersten zum dritten hin ansteigender Schwierigkeit. Die Problematik bei der Arbeit zu zweit liegt in der Schwierigkeit der technischen Ausführung, aus der sich eine hervorragende Übung für das Studium von Abstand, Tempo, Richtungsverläufen und verschiedenen für den Kampf typischen Aspekten entwickelt.

Die Techniken werden jeweils zweimal zuerst links und danach rechts ausgeführt; nach der zweiten Sequenz geht der sich Verteidigende zum Gegenangriff über und stößt dabei den Kiai aus.

Es ist erforderlich, der Qualität der technischen Ausführung und deren Kontrolle Aufmerksamkeit zu widmen, um Verletzungen des Trainingspartners zu vermeiden. Sowohl für den Angreifenden als auch für den, der den Gegenangriff ausführt, reicht es aus, die Techniken immer unter Beachtung der folgenden Regeln zu kontrollieren:

- Halte zwecks korrekter Verwendung der Waffe einen angemessenen Abstand ein. Beim Bo werden für den Angriff nur die letzten 10 bis 15 cm genutzt, um mit dem Ziel in Berührung zu kommen. Man nennt diesen Kontaktbereich "monouchi", wörtlich übersetzt "Teil, der das Objekt trifft".

- Halte den Richtungsverlauf bei den Angriffstechniken exakt ein, um effektive Paraden zu ermöglichen;

- Behalte eine konstante Geschwindigkeit bei, zu Beginn gemäßigt, um dem Partner ein problemloses Abwägen des für die Verteidigung erforderlichen Tempos zu ermöglichen;

- Vertraue nicht zu sehr darauf, dass Du die Situation beherrschst, auch wenn Du bereits ein erfahrener Karateka sein solltest. Halte den Stock in angemessener Distanz, wenn Du einen Gegenangriff auf einen schutzlosen Gegner ausführst.

- Denke daran, Deinem Partner beim Üben immer den größten Respekt entgegenzubringen, auch wenn dieser nicht so gut ist wie Du. Seine Mitwirkung ist für ein Vorankommen unverzichtbar.

2. KUMIBO ICHI

Dieser Kumibo besteht in der Anwendung des ersten Hojoundo unter Mitwirkung eines Partners. Die Rollen von Tori (er greift zuerst an und verliert) und Uke (er verteidigt und gewinnt) wechseln ständig. Die Übenden befinden sich immer in paralleler Deckung zueinander (ai-hammi) und bewegen sich spiegelbildlich (A geht nach vorn - B weicht zurück) außer im Augenblick des Gegenangriffs. Bei diesem Kumibo geht jeder Schritt, sei es nach vorn oder zurück, mit einem Griffwechsel (Jun-mochikae) einher.

Kurze Zusammenfassung der Bewegungen beim Kumibo ichi:

ANGRIFF	VERTEIDIGUNG / GEGENANGRIFF
1. JODAN SHOMEN UCHI	JODAN UKE / JODAN NANAME UCHI
2. JODAN NANAME UCHI	JODAN NANAME UKE / CHUDAN ZUKI
3. CHUDAN YOKO UCHI	CHUDAN YOKO UKE / JODAN SHOMEN UCHI
4. GEDAN YOKO UCHI	GEDAN HARAI UKE / JODAN NANAME UCI II
5. JODAN ZUKI	JODAN KAKE UKE / CHUDAN ZUKI

Anmerkung: Bei der Beschreibung der Kumibo wird mit dem Buchstaben A der Ausführende bezeichnet, der sich auf den Fotos links befindet (Tori), der Buchstabe B steht für den rechts stehenden Übungspartner (Uke).

1

Vorbereitung: A und B stehen sich in der Musubi-dachi-Stellung (Foto 1) gegenüber. Sie begrüßen sich durch Vorbeugen des Oberkörpers (Foto 2). Sie kehren in die Ausgangshaltung zurück (Foto 3). Beide setzen den rechten Fuß vor, um die Nekoashi-dachi Chudan no Kamae-Stellung (Foto 4) einzunehmen.

2

3

4

Ipponme (1)

1. A nimmt durch Vorsetzen des linken Fußes Zenkuzu-dachi ein, wechselt den Griff und greift mit Jodan Uchi an.
B nimmt durch Zurücksetzen des rechten Fußes Zenkuzu-dachi ein, wechselt den Griff und verteidigt mit Jodan Uke (Foto 5).

2. A und B wiederholen die vorangegangene Sequenz auf der entgegengesetzten Seite (Foto 6).
Foto 6 b zeigt die rechts ausgerichtete Parade Jodan Uke in Frontansicht.

3. B steht mit dem rechten Fuß fest, dreht den linken nach außen und geht unter Ausstoßen des Kiai mit Jodan Naname Uchi zum Gegenangriff über.
A bleibt stehen (Foto 7).

An dieser Stelle tauschen A und B die Rollen und wiederholen die Sequenzen 1, 2 und 3. Zum Schluss kehren beide in die rechts ausgerichtete Nekoashi-dachi Chudan no Kamae-Stellung zurück.

Achtung: Die Jodan Uke Parade wird mit leicht diagonal gehaltenem Bo ausgeführt. Auf diese Weise wird die Gefahr, dass der Stock zerbricht, erheblich reduziert.

5

6b

6

7

Nihonme (2)

1. 1. A nimmt durch Vorsetzen des linken Fußes Zenkuzu-dachi ein, wechselt den Griff und greift mit Jodan Naname Uchi an.
B nimmt durch Zurücksetzen des rechten Fußes Zenkuzu-dachi ein, wechselt den Griff und verteidigt mit Kontei Jodan Naname Uke (Foto 8).

2. A und B wiederholen die vorangegangene Sequenz auf der entgegengesetzten Seite (Foto 9).
Foto 9 b zeigt die rechts ausgerichtete Parade Kontei Jodan Naname Uke in Frontansicht.

3. B geht unter Ausstoßen des Kiai mit Chudan Zuki zum Gegenangriff über. A bleibt stehen (Foto 10).

An dieser Stelle tauschen A und B die Rollen und wiederholen die Sequenzen 1, 2 und 3. Zum Schluss kehren beide in die rechts ausgerichtete Nekoashi-dachi Chudan no Kamae-Stellung zurück.

8

9

9b

10

Sanbonme (3)

1. A nimmt durch Voransetzen des linken Fußes Zenkuzu-dachi ein, wechselt den Griff und greift mit Chudan Yoko Uchi an.
B nimmt durch Zurücksetzen des rechten Fußes Zenkuzu-dachi ein, wechselt den Griff und verteidigt mit ChudanUke (Foto 11).
2. A und B wiederholen die vorangegangene Sequenz auf der entgegengesetzte Seite (Foto 12).
Foto 12 b zeigt die rechts ausgerichtete Parade Chudan Yoko Uke von vorn.

3. B geht unter Ausstoßen des Kiai mit Jodan Uchi sofort zum Gegenangriff über. A bleibt stehen (Foto 13).
An dieser Stelle tauschen A und B die Rollen und wiederholen die Sequenzen 1, 2 und 3. Zum Schluss kehren beide in die rechts ausgerichtete Nekoashi-dachi Chudan no Kamae-Stellung zurück.

12

12b

13

Yohonme (4)

1. A nimmt durch Vorsetzen des linken Fußes Zenkuzu-dachi ein, wechselt den Griff und greift mit Gedan Yoko Uchi an.
B nimmt durch Zurücksetzen des rechten Fußes Motodachi ein, wechselt den Griff und verteidigt mit Gedan Harai Uke (Foto 14).
2. A und B wiederholen die vorangegangene Sequenz auf der entgegengesetzten Seite (Foto 15).
3. B nimmt durch Vorsetzen des rechten Fußes Zenkuzu-dachi ein und geht unter Ausstoßen des Kiai mit Jodan Naname Uchi zum Gegenangriff über. A bleibt stehen (Foto 16).
An dieser Stelle tauschen A und B die Rollen und wiederholen die Sequenzen 1, 2 und 3. Zum Schluss kehren beide in die rechts ausgerichtete Nekoashi-dachi Chudan no Kamae-Stellung zurück.

14

15

16

Gohonme (5)

1. A nimmt durch Vorsetzen des linken Fußes Zenkuzu-dachi ein, wechselt den Griff und greift mit Jodan Zuki an.
B nimmt durch Zurücksetzen des rechten Fußes Nekoashi-dachi ein, wechselt den Griff und verteidigt mit Kake Uke (Foto 17).

2. A und B wiederholen die vorangegangene Sequenz auf der entgegengesetzten Seite (Foto 18).

3. B nimmt durch Vorsetzen des rechten Fußes Zenkuzu-dachi ein und geht unter Ausstoßen des Kiai mit Chudan Zuki zum Gegenangriff über.
A bleibt stehen (Foto 19).

An dieser Stelle tauschen A und B die Rollen und wiederholen die Sequenzen 1, 2 und 3.
Zum Schluss kehren beide in die rechts ausgerichtete Nekoashi-dachi Chudan no Kamae-Stellung zurück (Foto 20).

17

18

19

20

Abschluss: A und B treten zurück und nehmen beide die Musubi-dachi-Stellung ein (Foto 21). Sie grüßen sich durch Vorbeugen des Oberkörpers (Foto 22) und nehmen wieder die Ausgangsstellung mit gestrecktem Oberkörper ein (Foto 23).

21

22

23

3. KUMIBO NI

Dieser Kumibo besteht in der Anwendung der zweiten Hojoundo unter Mitwirkung eines Partners.

Art und Weise der Ausführung sind gleich wie beim vorangegangenen Kumibo. Eine Besonderheit dieser Übung besteht darin, dass bei der Ausführung der dritten Sequenz, in der Tori in der Vorwärtsbewegung Sunakake einnimmt, auch Uke beim Zurückweichen die gleiche Bewegung ausführt: Dabei gibt es keine Gegenangriffe.

Kurze Zusammenfassung der Bewegungen beim Kumibo ni:

ANGRIFF	VERTEIDIGUNG / GEGENANGRIFF
1. GEDAN YOKO UCHI	GEDAN HARAI UKE / JODAN NANAME UCHI
2. GEDAN YOKO UCHI	GEDAN HANE UKE / GEDAN NUKIBO
3. SUNAKAKE	SUNAKAKE
4. GEDAN ZUKI JODAN ZUKI	GEDAN OSAE UKE JODAN KAKE UKE / CHUDAN ZUKI
5. KAESHI UCHI - KAESHI ZUKI	GEDAN OTOSHI UKE / JODAN KAKE UKE / CHU DAN ZUKI

Vorbereitung: siehe Kumibo Ichi

Ipponme (1)

1. A nimmt durch Vorsetzen des linken Fußes Zenkuzu-dachi ein, wechselt den Griff und greift mit Gedan Yoko Uchi an.
B nimmt durch Zurücksetzen des rechten Fußes Moto-dachi ein, wechselt den Griff und verteidigt mit Gedan Harai Uke (Foto 24).

24

2. B nimmt durch Vorsetzen des rechten Fußes Zenkuzu-dachi ein und geht mit Jodan Naname Uchi zum Gegenangriff über.
A verteidigt auf der Stelle mit Chukon-bu Jodan Naname Uke (Foto 25).
3. A und B wiederholen die Sequenz 1 auf der entgegengesetzten Seite (Foto 26).
4. B nimmt durch Vorsetzen des rechten Fußes Zenkuzu-dachi ein und geht unter Ausstoßen des Kiai mit Jodan Naname Uchi zum Gegenangriff über. A bleibt stehen (Foto 27).
An dieser Stelle tauschen A und B die Rollen und wiederholen die Sequenzen 1, 2,3 und 4. Zum Schluss kehren beide in die rechts ausgerichtete Nekoashi-dachi Chudan no Kamae-Stellung zurück.

25

26

27

Nihonme (2)

1. A nimmt durch Vorsetzen des linken Fußes Zenkuzu-dachi ein, wechselt den Griff und greift mit Gedan Yoko Uchi an.
B nimmt durch Zurücksetzen des rechten Fußes Kokuzu-dachi ein, ohne den Griff zu wechseln und verteidigt mit Gedan Hane Uke (Foto 28).

2. A und B wiederholen die vorangegangene Sequenz auf der entgegengesetzten Seite und wechseln beide den Griff (Foto 29).

3. B verlagert das Gewicht nach vorn, geht dabei in Zenkuzu-dachi über und setzt unter Ausstoßen des Kiai mit Gedan Nuki-bo zum Gegenangriff an. A bleibt stehen (Foto 30).

An dieser Stelle tauschen A und B die Rollen und wiederholen die Sequenzen 1, 2 und 3.

Zum Schluss kehren beide in die rechte Nekoashi-dachi Chudan no Kamae-Stellung zurück.

28

29

30

Sanbonme (3)

1. A nimmt durch Vorsetzen des linken Fußes Nekoashi-dachi ein, wechselt den Griff und führt Sunakake aus.
B nimmt durch Zurücksetzen des rechten Fußes Nekoashi-dachi ein, wechselt den Griff und führt Sunakake aus (Foto 31).

2. A und B wiederholen die vorangegangene Sequenz auf der entgegengesetzten Seite (Foto 32).

An dieser Stelle tauschen A und B die Rollen und wiederholen die Sequenzen 1 und 2. Zum Schluss kehren beide in die rechte Nekoashi-dachi Chudan no Kamae-Stellung zurück.

31

32

90

Yohonme (4)

1. A nimmt durch Vorsetzen des linken Fußes Zenkuzu-dachi ein, wechselt den Griff und greift mit Gedan Zuki an.
B nimmt durch Zurücksetzen des rechten Fußes Shiko-dachi Naname ein, wechselt den Griff und verteidigt mit Gedan Osae Uke (Foto 33).
2. A und B wiederholen die vorangegangene Sequenz auf der entgegengesetzten Seite (Foto 34).
3. A greift auf der Stelle mit Jodan Zuki an.
B stellt den rechten Fuß wieder in die Nekoashi-dachi-Stellung (breiter) und verteidigt mit Jodan Kake Uke (Foto 35).
4. B nimmt durch Vorsetzen des rechten Fußes Zenkuzu-dachi ein und geht unter Ausstoßen des Kiai mit Chudan Zuki zum Gegenangriff über.
A bleibt stehen (Foto 36).
An dieser Stelle tauschen A und B die Rollen und wiederholen die Sequenzen 1, 2, 3 und 4. Zum Schluss kehren beide in die rechts ausgerichtete Nekoashi-dachi Chudan no Kamae-Stellung zurück.

33

34

35

36

Gohonme (5)

1. A nimmt durch Vorsetzen des rechten Fußes Zenkuzu-dachi ein und greift mit Kaeshi Uchi an.

B nimmt durch Vorsetzen des rechten Fußes Zenkuzu-dachi ein und verteidigt mit Gedan Otoshi Uke (Foto 37).

2. A führt mit dem linken Fuß einen Schritt nach vorn aus, nimmt dabei Zenkuzu-dachi ein und greift mit Kaeshi Zuki an.

B geht mit dem rechten Fuß einen Schritt zurück, nimmt dabei Nekoashi-dachi ein, wechselt den Griff und verteidigt mit Kake Uke (Foto 38).

37

38

3. A und B wiederholen die vorangegangene Sequenzen 1 und 2 auf der entgegengesetzten Seite (Fotos 39 und 40).

4. B nimmt durch Vorsetzen des rechten Fußes Zenkuzu-dachi ein und geht unter Ausstoßen des Kiai mit Chudan Zuki zum Gegenangriff über.

A bleibt stehen (Foto 41).

An dieser Stelle tauschen A und B die Rollen und wiederholen die Sequenzen 1, 2, 3 und 4. Zum Schluss kehren beide in die rechts ausgerichtete Nekoashi-dachi Chudan no Kamae-Stellung zurück.

Abschluss: siehe Kumibo Ichi.

39

40

41

4. KUMIBO SAN

Dieser Kumibo besteht in der Anwendung des dritten Hojoundo unter Mitwirkung eines Partners.

Eine derartige Übung unterscheidet sich aufgrund einiger Besonderheiten von den anderen:

* In der ersten und vierten Sequenz befinden sich die beiden Ausführenden ständig in spiegelbildlicher Deckung (gyaku-hanmi) statt in der parallelen.

* In der dritten Sequenz erfolgt der erste Schlagabtausch in paralleler Deckung, während auf dem Rückweg in spiegelbildlicher Deckung gekämpft wird.

* In der dritten Sequenz gewinnt im Gegensatz zu allen anderen Sequenzen der drei Hojoundo derjenige, der zuerst angreift.

Kurze Zusammenfassung der Bewegungen beim Kumibo-san:

ANGRIFF	VERTEIDIGUNG /GEGENANGRIFF
1. GEDAN YOKO UCHI / JODAN NANAME UKE	GEDAN YOKO UKE / JODAN NANAME UCHI
2. NAGASHI JODAN NANAME UCHI / JODAN NUKI	JODAN NANAME UKE JODAN KAKE UKE / CHUDAN ZUKI
3. JODAN NANAME UKE / CHUDAN YOKO UKE / GYAKU GEDAN YOKO UCHI	JODAN NANAME UCHI / GYAKU CHUDAN NAGASHI UCHI / GYAKU GEDAN HARAI UKE / GEDAN HARAI JODAN NANAME UCHI
4. GEDAN YOKO UCHI / JODAN NANAME UKE	GEDAN YOKO UKE / OSAE UKE / JODAN NANAME UCHI
5. GORENDA	GORENDA UKE / GYAKUTE CHUDAN YOKO UCHI

Vorbereitung: siehe Kumibo Ichi

Ipponme (1)

1. A nimmt durch Vorsetzen des linken Fußes Zenkuzu-dachi ein, wechselt den Griff und greift mit Gedan Yoko Uchi an. B gleitet in die rechts ausgerichtete Shiko-dachi-Stellung zurück, ohne den Griff zu wechseln, und verteidigt mit Gedan Yoko Uke (Foto 42).

2. B verlagert das Gewicht nach vorn, nimmt dabei Zenkuzu-dachi ein und geht mit Jodan Naname Uchi zum Gegenangriff über.
A verteidigt auf der Stelle mit Jodan Uke (Foto 43)

3. A und B wiederholen die Sequenz 1 auf der entgegengesetzten Seite (Foto 44).

4. B verlagert das Gewicht nach vorn, nimmt dabei Zenkuzu-dachi ein und geht unter Ausstoßen des Kiai. mit Jodan Naname Uchi zum Gegenangriff über.
A bleibt stehen (Foto 45).

An dieser Stelle tauschen A und B die Rollen und wiederholen die Sequenzen 1, 2,3 und 4. Zum Schluss kehren beide in die rechts ausgerichtete Nekoashi-dachi Chudan no Kamae-Stellung zurück.

43

42

45

44

Nihonme (2)

1. A nimmt durch Vorsetzen des linken Fußes Zenkuzu-dachi ein, wechselt den Griff und greift mit Jodan Nagashi Naname Uchi an.
B nimmt durch Zurücksetzen des rechten Fußes Zenkuzu-dachi ein, wechselt den Griff und verteidigt mit Naname Uke (Foto 46).

2. A begibt sich in die Musubi-dachi-Stellung, indem er den rechten Fuß dicht neben den linken stellt und greift mit Jodan Nuki an.
B bringt sich durch Zurücksetzen des linken Fußes in die Nekoashi-dachi-Stellung und verteidigt mit Kake Uke (Foto 47).

46

47

3. A und B wiederholen die Sequenzen 1 und 2 auf der entgegengesetzten Seite (Fotos 48 und 49).
4. B nimmt durch Vorsetzen des rechten Fußes Zenkuzu-dachi ein und geht unter Ausstoßen des Kiai mit Chudan Zuki zum Gegenangriff über.
A bleibt stehen (Foto 50).
An dieser Stelle tauschen A und B die Rollen und wiederholen die Sequenzen 1, 2, 3 und 4. Zum Schluss kehren beide in die rechte Nekoashi-dachi Chudan no Kamae-Stellung zurück.

48

49

50

Sanbonme (3)

1. A nimmt durch Vorsetzen des linken Fußes Zenkuzu-dachi ein, wechselt den Griff und greift mit Jodan Naname Uchi an.
B nimmt durch Zurücksetzen des rechten Fußes Zenkuzu-dachi ein, wechselt den Griff und verteidigt mit Naname Uke (Foto 51).

2. B wechselt den Griff (Nagate-mochi) und führt Chudan Nagashi Uchi aus. A führt, ohne den Griff zu wechseln, Chudan Yoko Uke aus (Foto 52).

3. A greift sofort mit Gedan Yoko Uchi an.
B verteidigt mit Gyaku Gedan Yoko Uke (Foto 53).

51

52

53

4. A und B wiederholen die Sequenzen 1, 2 und 3 auf der entgegengesetzten Seite (Fotos 54, 55 und 56).

54

55

56

5. B zieht das rechte Bein zurück und drückt mit dem rechten Ende seines Bo den Bo von A nach außen.
A unterstützt B (Foto 57).
6. B nimmt durch Vorsetzen des linken Beins Zenkuzu-dachi ein und geht unter Ausstoßen des Kiai mit Jodan Naname Uchi zum Gegenangriff über.
A bleibt stehen (Foto 58).
An dieser Stelle tauschen A und B die Rollen und wiederholen die Sequenzen 1, 2, 3, 4, 5 und 6.
Zum Schluss kehren beide in die rechts ausgerichtete Nekoashi-dachi Chudan no Kamae-Stellung zurück.

57

58

Yohonme (4)

1. A nimmt durch Vorsetzen des linken Fußes Zenkuzu-dachi ein, wechselt den Griff und greift mit Gedan Yoko Uchi an.

B gleitet in die rechts ausgerichtete Shiko-dachi Naname-Stellung zurück, wechselt den Griff und verteidigt mit Gyakute Gedan Yoko Uke (Foto 59).

2. B führt auf der Stelle Osae Uke aus und vollzieht mit der vorderen Spitze des eigenen Bo eine vollständige Drehung entgegen dem Uhrzeigersinn.

A unterstützt B (Fotos 60 und 61).

3. B nimmt durch Voransetzen des linken Fußes Zenkuzu-dachi ein und greift, ohne den Griff zu wechseln, mit Jodan Naname Uchi an.

59

60

61

A nimmt durch Zurücksetzen des rechten Fußes Zenkuzu-dachi ein, und verteidigt, ohne den Griff zu wechseln, mit Jodan Naname Uke (Foto 62).

4. A und B wiederholen die Sequenzen 1 und 2 auf der entgegengesetzten Seite (Foto 63, 64 und 65).

5. B nimmt durch Vorsetzen des rechten Fußes Zenkuzu-dachi ein und greift, ohne den Griff zu wechseln, unter Ausstoßen des Kiai mit Jodan Naname Uchi an.

A nimmt durch Zurücksetzen des rechten Fußes Zenkuzu-dachi ein, und wird, ohne den Griff zu wechseln, Objekt des Gegenangriffs von B (Foto 66).

62

63

An dieser Stelle tauschen A und B die Rollen und wiederholen die Sequenzen 1, 2, 3, 4 und 5.
Zum Schluss kehren beide in die rechts ausgerichtete Nekoashi-dachi Chudan no Kamae-Stellung zurück.

64

65

66

Gohonme (5)

1. A nimmt durch Vorsetzen des linken Fußes Zenkuzu-dachi ein, wechselt den Griff und greift mit Jodan Naname Uchi an.

B nimmt durch Zurücksetzen des rechten Fußes Zenkuzu-dachi ein, wechselt den Griff und verteidigt mit Jodan Naname Uke (Foto 67).

2. A setzt den rechten Fuß wieder in die Sho-zenkuzu-dachi-Stellung zurück, und führt Jodan Age Uchi aus.

B setzt den linken Fuß wieder zurück, senkt den Bo und weicht dem Angriff von A aus, indem er den Oberkörper zurückbeugt (Foto 68).

67

68

3. A greift auf der Stelle mit Jodan Uchi an.
B bringt den Oberkörper sofort wieder in eine aufrechte Haltung und verteidigt mit Jodan Uke (Foto 69).
4. A greift auf der Stelle mit Gyakute Chudan Yoko Uchi an.
B verteidigt sofort mit Chudan Yoko Uke (Foto 70).
5. A gleitet mit dem linken Fuß nach vorn und führt Jodan Naname Uchi aus.
B gleitet mit dem rechten Fuß zurück und führt Jodan Naname Uke aus (Foto 71).

69

70

71

6. A und B wiederholen die Sequenzen 1, 2, 3, 4, und 5 auf der gegenüberliegenden Seite (Fotos 72, 73, 74, 75 und 76).

7. B geht unter Ausstoßen des Kiai sofort mit Chudan Yoko Uchi zum Gegenangriff über. A bleibt stehen (Foto 77).

72

73

74

An dieser Stelle tauschen A und B die Rollen und wiederholen die Sequenzen 1, 2, 3, 4, 5 und 6.
Zum Schluss kehren beide in die rechts ausgerichtete Nekoashi-dachi Chudan no Kamae-Stellung zurück.
Abschluss: siehe Kumibo Ichi.

75

76

77

Sechster Teil

DIE KATA

1. DIE BO KATA

Was einen Kampfsport am meisten auszeichnet, ist die Gesamtheit seiner Kata. Die Kata (eine formale Übung) ist eine Einheit von Angriffs- und Abwehrtechniken, die sich, in Bewegungsabfolgen systematisiert und organisiert, in verschiedene Richtungen entwickelt. Die Kata muss vor allem mental ausgeführt werden, wobei man sich vorstellt, einen Gegner vor sich zu haben um sie dann gegen einen oder zwei Übungspartner anzuwenden.

Der Zweck der Kata besteht in einer korrekten Assimilation der Techniken (Stellungen, Angriffe und Verteidigung), die die Basis einer Schule bilden. Durch Wiederholung werden die enthaltenen Techniken perfekt assimiliert, und der Übende wird in die Lage versetzt, sie automatisch auszuführen.

Der größte Teil der von den verschiedenen Kobudo- und Karateschulen Okinawas praktizierten Kata sind chinesischen Ursprungs. Diesen formalen Übungen ist es zu verdanken, dass die beiden alten Kampfkünste in unsere heutigen Tage überliefert worden sind. Im Lauf der Jahrhunderte haben die Kämpfer der Insel die ursprünglichen Kata auf der Ebene ihrer Erfahrungen modifiziert und ihrem Verständnis vom Kampfsport angepasst.

Der Name der Kata offenbart nur teilweise ihren Ursprung. Er kann von der Schirmherrschaft seines Erfinders oder vom Ort seiner Herkunft abgeleitet sein; manchmal handelt es sich um Namen mit poetischer Bedeutung, die dazu dienen, die eigentliche Kata durch eine weitere Bedeutung zu bereichern. Dem Namen der Kata folgt gewöhnlich das Suffix Kon oder Kun, dem der japanische Artikel no (Genitiv: des, der) vorangeht. Diese beiden Wörter bedeuten "Stock von (oder des oder der)", wobei für den Begriff "Stock" das alte chinesische Ideogramm (K´un) verwendet wird.

Bei den durch den Meister Shinko Matayoshi erlernten und überlieferten Stock-Kata handelt es sich um die folgenden: Shushi no Kon, Cho Un no Kon, Sakugawa no Kon, Chikin (Tsuken) no Kon, Shiishi no Kon, Tokumine no Kon , Kubo no Kon, Ufutun no Kon, Yonegawa no Kon und Yara no Kon.

Diesen traditionellen Kata haben einige Schüler des Meisters Matayoshi selbst kreierte Basis-Kata hinzugefügt. Dennoch werden im Honbu Dojo (Hauptschule) von Naha (Okinawa) nur die traditionellen Formen gelehrt.

Schlüsselpunkte für eine korrekte Ausführung der Kata:

* Die Kleidung und das Verhalten des Ausführenden müssen einwandfrei sein: Keikogi in Ordnung, Gürtel richtig geknotet usw. Der Name der Kata muss laut und verständlich angekündigt werden. Die Kata beginnt und endet mit dem Gruß.
* Die Ausführung muss den Eindruck von Einheit zwischen Körper und Geist vermitteln.
* Die Stellungen müssen korrekt ausgeführt werden, wobei alle Gelenke unter Kontrolle gehalten werden sollen. Das Wechseln der Positionen muss so beherrscht werden, dass jeglicher Verlust des Gleichgewichts, Ausrutschen oder Fallen unterbleibt.
* Die Verknüpfungen der Techniken, die langsamen Bewegungen (sofern diese in der Kata vorkommen), die Pausen und die Kiai müssen auf korrekte Weise ausgeführt werden.
* Die Techniken müssen den Eindruck von Effektivität (Kime) vermitteln.
* Die Atmung dient der Unterstützung der Energie, die die heftigen und schwachen Bewegungen unseres Organismus konditioniert. Aus diesem Grund muss sie mit der Ausführung der Technik synchronisiert werden. Die Atmung darf in den meisten Fällen nicht wahrnehmbar sein. Die Kata bringen normalerweise zwei klangvolle Ausatmungen mit sich, die den höchsten Aufwand an Energie zum Ausdruck bringen: den Kiai.
* Die Kata muss in ihrer unverfälschten Form unter Beachtung von Stellungen, Techniken und Richtungen ausgeführt werden. Manchmal erscheinen uns einige Bewegungen der Kata unverständlich; bevor wir irgendwelche Variationen einbringen, sollten wir versuchen, unseren technischen Standard zu verbessern.

* Wir müssen uns immer darüber im Klaren sein, dass die vorgegebene Ausführung einer Kata wie das Inhaltsverzeichnis eines Buches ist. Durch lesen des Inhaltsverzeichnisses können wir uns den Inhalt vorstellen, aber nur durch das Lesen des Inhaltes können wir ein Buch wirklich verstehen. Die Lektüre des Inhalts entspricht der Praxis des Bunkai (Anwendung). Wer den Bunkai nicht kennt und ihn nicht praktiziert, betreibt nichts anderes als simple Gymnastik. Kobudo ist jedoch etwas anderes!

2. SHUSHI NO KON

Shu Shi no Tanmei ist der vollständige Name eines aus Shanghai stammenden chinesischen Meisters, der sich vor ungefähr 100 Jahren auf einem Schiff zur Insel Okinawa begab und sich dort niederließ. Er lebte viele Jahre in der Stadt Naha im Viertel von Azato nahe des Sogen-Tempels. Shu Shi no Tanmei (wörtlich: Tanmei aus der Familie Shu) war ein Bo-jutsu Experte des chinesischen Kenpo. Er erschuf diese Kata, die nach seinem Tod seinen Namen erhielt.

Es handelt sich dabei um eine der bekannteren und häufiger angewandten traditionellen Kata; die durch die Familie Matayoshi überlieferte Version ist besonders dynamisch und interessant. Die Besonderheiten des Shushi no Kun (Stock des Shushi) können wie folgt zusammengefasst werden:

* Das Schema der Kata entwickelt sich in drei verschiedene Richtungen.
* Einige Sequenzen der Techniken werden mehrmals wiederholt, immer auf der selben Seite. Der Kata fehlt es demnach an Symmetrie, und sie eignet sich dem traditionellem Brauch zufolge für eine spiegelbildliche Ausführung (isaini).
* Einige der Techniken, die diese Kata charakterisieren werden nicht im Rahmen der Hojoundo erlernt.

* Obwohl diese Kata an erster Stelle gelehrt wird, ist sie dennoch nicht einfach. Die Beherrschung einiger seiner Passagen erfordert ein jahrelanges Studium.

Es existiert nur eine einzige traditionelle Version einer solchen Kata. Bei anderen Versionen mit mehr oder weniger komplizierten Namen (Shushi no Kun Dai, Shushi no Kun Sho, Koryu Shushi no Kun) handelt es sich um Erfindungen neueren Datums.

Übrigens kann der Begriff "Tanmei" in Verbindung mit dem Nachnamen auch auf eine betagte Person hinweisen.

Das Studium der Kata mit Hilfe der Abbildungen

Die Kata wurde mit einer davor in Richtung A positionierten Kamera fotografiert. Nur für die Sequenz 46-47-48-49 war es erforderlich, den Fotoapparat auch in Richtung B aufzustellen.

Jedes Foto wird von drei kommentierenden Zeilen begleitet:

1. Richtungsverlauf der Technik und verkürzte Beschreibung der Fußbewegungen;
2. Beschreibung der Stockbewegungen;
3. Beschreibung der endgültigen Beinstellung

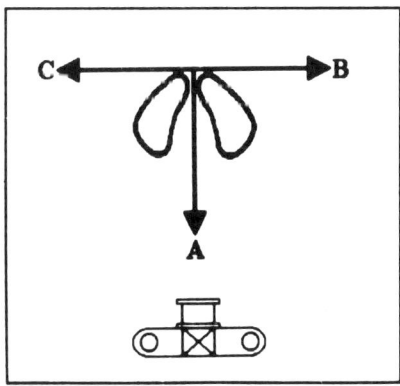

Abb. 1 - Normalstellung des Objektivs

Vorbereitung: Die einleitenden Bewegungen dieser Kata unterscheiden sich von denen der Hojoundo sowie denen der anderen Kata.

* Kiotsuke, Musubi dachi mit dem Stock unter der rechten Achsel unter Anwendung des Hontemochi-Griffs (Foto 1).
* Rei (Foto 2).
* Bringe den Oberkörper zurück in die aufrechte Stellung (Foto 3).
* Drehe den Stock im Uhrzeigersinn um 180° und lege ihn zwischen Deltamuskel und Brustblatt an (Foto 4).

1

2

3

4

* Setze das linke Bein in die Heiko dachi-Stellung und balle die linke Hand auf der linken Seite zur Faust (Foto 5).
* Drehe den Oberkörper und bringe dabei die rechte Schulter nach vorn. Drehe dabei gleichzeitig beide Füße diagonal nach links. Hebe den Stock mit der rechten Hand, während die linke Hand im Uhrzeigersinn eine kreisförmige Bewegung nach oben ausführt (Foto 6). Ergreife den Stock mit der linken Hand in Stirnhöhe, während Du den Oberkörper nach vorn beugst (Foto 7).

Wichtig: Achte darauf, dass der linke Arm während dieser gesamten Sequenz nicht vor die Augen gerät. Solltest Du in diesem Moment nämlich angegriffen werden, wärest Du nicht in der Lage, Dich zu verteidigen.

5

6

7

Ausführung der Kata:

1. A - Weiche mit links zurück. Führe die Jodan Naname Uchi-Stellung aus. Zen-kuzu Dachi links (Foto 8).
2. A – Dann sofort Jodan Naname Uchi. Zenkuzu Dachi links (Foto 9).
3. A - Schreite mit links voran. Führe Jodan Zuki aus. Shomen Shiko-Dachi (Foto 10).

8

9   10

4. A - Führe sofort eine Hüftdrehung aus. Jodan Yoko Zuki. Naname Zenkuzu Dachi (Foto 11).
5. B - Führe auf der Stelle eine Hüftdrehung aus. Gedan Hane Uke. Kokuzu Dachi links (Foto 12).
6. B - Verlagere sofort das Gewicht nach vorn. Gedan Nuki-bo. Zenkuzu Dachi links (Foto 13).

12   11

13

7. B - Ziehe den rechten Fuß zurück. Gyaku Gedan Harai Uke. Sho-zenkuzu Dachi links (Foto 14).
8. C - Yoriashi nach vorn. Gedan Yoko Uke. Shiko Dachi rechts (Foto 15).
9. C - Schreite mit rechts voran. Jodan Naname Uchi. Zenkuzu Dachi rechts (Foto 16).

14   15

16

17

18

10. C - Ziehe den rechten Fuß zurück. Führe Jodan Zuki in horizontaler Stellung aus. Zwischen-Stellung (Foto 17)
11. C - Gehe mit rechts voran (Foto 18).
12. C - Gehe mit rechts zurück. Kake Uke. Nekoashi Dachi rechts (Foto 19).

19

20

13. A - Versetze den rechten Fuß. Gedan Hane Uke. Kokuzu Dachi links (Foto 20).
14. A - Verlagere das Gewicht auf der Stelle nach vorn. Gedan Nuki-bo. Zenkuzu Dachi links (Foto 21).
15. A - Gehe mit rechts voran. Gedan Harai Uke. Moto Dachi rechts (Foto 22).

21

22

16. A - Schreite mit rechts voran. Jodan Naname Uchi. Zenkuzu Dachi rechts (Foto 23).
17. A - Schreite mit links voran. Jodan Naname Uchi. Zenkuzu Dachi links (Foto 24).
18. A - Schreite mit rechts voran. Jodan Naname Uchi. Zenkuzu Dachi rechts (Foto 25).

23

24

25

26

19. A - Yoriashi nach vorn. Gedan Yoko Uke. Shiko Dachi rechts (Foto 26).
20. A - Schreite mit rechts voran. Jodan Naname Uchi. Zenkuzu Dachi rechts (Foto 27).
21. A - Ziehe den rechten Fuß zurück. Führe Jodan Zuki in horizontaler Stellung aus. Zwischenstellung (Foto 28)

27

28

22. A - Schreite mit rechts voran. Jodan Zuki. Zenkuzu Dachi rechts. Kiai (Foto 29).
23. A - Weiche mit rechts zurück. Kake Uke. Nekoashi Dachi rechts (Foto 30).
24. B - Weiche mit rechts zurück. Gedan Hane Uke. Kokuzu Dachi links (Foto 31).

29

30

31

32

33

25. B - Verlagere das Gewicht auf der Stelle nach vorn. Gedan Nuki-bo. Zenkuzu Dachi links (Foto 32).
26. B - Schreite mit rechts voran. Gedan Harai Uke. Moto Dachi rechts (Foto 33).
27. B - Schreite mit rechts voran. Jodan Naname Uchi. Zenkuzu Dachi rechts (Foto 34).

34

28. B - Ziehe den rechten Fuß zurück. Führe Jodan Zuki in horizontaler Stellung aus. Zwischenstellung (Foto 35).
29. B - Schreite mit rechts voran. Jo-dan Zuki. Zenkuzu Dachi rechts (Foto 36).
30. B - Weiche mit rechts zurück. Kake Uke. Nekoashi Dachi rechts (Foto 37).

35

36

37

38

31. C - Schreite mit rechts voran. Wiederhole die Bewegung 24 (Foto 38).
32. C - Wiederhole die Bewegung 25 (Foto 39).
33. C - Wiederhole die Bewegung 26 (Foto 40).

40

39

34. C - Wiederhole die Bewegung 27 (Foto 41).
35. C - Wiederhole die Bewegung 28 (Foto 42).
36. C - Wiederhole die Bewegung 29 (Foto 43).

41

42

43

44

37. C - Wiederhole die Bewegung 30 (Foto 44).
38. A - Wiederhole die Bewegung 24 (Foto 45).
39. A - Wiederhole die Bewegung 25 (Foto 46).

45

46

47

48

40. A - Wiederhole die Bewegung 26 (Foto 47).
41. A - Wiederhole die Bewegung 27 (Foto 48).
42 A - Wiederhole die Bewegung 28 (Foto 49).

49

43. A - Wiederhole die Bewegung 29 (Foto 50).
44. A - Wiederhole die Bewegung 30 (Foto 51).
45. A - Hebe den rechten Fuß.   Richte den Bo nach rechts aus. Zwischenstellung (Foto 52).

50

51

52

46. A - Setze den rechten Fuß auf. Kake Uke. Kosa Dachi (Fotos 53 und 53b).
47. A - Nami Ashi links. Bringe den Bo auf die linke Seite. Zwischenstellung (Fotos 54 und 54b).

53

53b

54

54b

48. B - Setze den linken Fuß auf. Gyakute Chudan Yoko Uchi. Shomen Shiko Dachi (Fotos 55 und 55b).

49. B - Führe auf der Stelle eine Hüftdrehung aus. Jodan Naname Uchi. Naname Zenkuzu Dachi links (Fotos 56 und 56b).

55

55b

56

56b

50. A - Wiederhole die Bewegung 19 (Foto 57).
51. A - Wiederhole die Bewegung 20 (Foto 58).
52. A - Wiederhole die Bewegung 23 (Foto 59).

57

58

59

53. A - Setz den rechten Fuß nach
außen. Jodan Uke. Mae-ashi Heiko
Dachi rechts (Foto 60).
54. A - Setze den den rechten Fuß
nach außen. Gedan Ura Uchi. Shita
Kokuzu Dachi links (Foto 61).
55. A - Ziehe den rechten Fuß
zurück. Gedan Yoko Uche. Naname
Zenkuzu Dachi links (Foto 62).

60

61

62

63

56. A - Hebe den rechten Fuß auf der Stelle. Stütze den Bo mit dem rechten Fuß ab. Zwischenstellung (Foto 63).

57. A - Drücke den Bo auf der Stelle. nach außen. Zwischenstellung (Foto 64).

58. A - Setze den rechten Fuß auf. Führe Jodan Naname Uchi aus. Zenkuzu Dachi rechts (Foto 65).

64

65

59. A - Auf der Stelle. Jodan Naname Uchi. Zenkuzu Dachi rechts. (Foto 66).
59. A - Hole den linken Fuß nach vorn. Jodan Age Uchi. Sho-zenkuzu Dachi rechts (Foto 67).
60. A - Auf der Stelle. Jodan Uchi. Sho-zenkuzu Dachi rechts (Foto 68).

66

67

68

61. A - Auf der Stelle. Gyakute Chudan Yoko Uchi. Sho-zenkuzu Dachi rechts (Foto 69).
62. A - Schreite mit rechts voran. Jodan Nana-me Uchi. Zenkuzu Dachi rechts (Foto 70).
63. A - Wiederhole die Bewegung 28 (Foto 71).

69

70

71

64. A - Wiederhole die Bewegung 29. Kiai (Foto 72).
65. A - Ziehe den rechten Fuß zurück. Chudan No Kamae. Nekoashi Dachi rechts (Foto 73).

72

73

Abschluss: - Schreite mit dem linken Fuß voran und nimm Musubi dachi ein. Führe den Bo dabei unter die rechte Achsel (Naore) (Foto 74).
* Rei (Foto 75).
* Bringe den Oberkörper wieder in eine aufrechte Haltung (Foto 76).

Beachte: Diese Kata hört nicht an der gleichen Stelle auf, an der sie begonnen wurde.

Handlungsabfolge: Wenn die Kata im Rahmen einer Gruppenlektion unter der Leitung eines Lehrers ausgeführt wird, werden mit jedem seiner Kommandos mehrere Techniken ausgeführt, die miteinander verknüpft werden. Die Verknüpfung berücksichtigt den Rhythmus der Ausführung der Kata, der auch dann eingehalten werden muss, wenn man alleine übt. Es folgt die Verknüpfung von Shushi no Kon:
1, 2 - 3, 4 - 5, 6 - 7 - 8, 9 - 10, 11, 12 - 13, 14 - 15, 16 - 17, 18 - 19, 20 - 21, **22**, 23 - 24, 25 - 26, 27 - 28, 29, 30 - 31, 32 - 33, 34 - 35, 36, 37 - 38, 39 - 40, 41 - 42, 43, 44 - 45, 46 - 47, 48, 49 - 50, 51, 52 - 53, 54, 55 - von 57 bis 62 - 63, **64** - 65.
Das Komma trennt zwei Bewegungen, die beim selben Kommando auszuführen sind. Der Trennstrich zeigt die Trennung zwischen einem Kommando und dem nächsten an. In Fettdruck sind die Techniken dargestellt, bei denen der Kiai ausgestoßen wird. Die langsam auszuführenden Techniken sind unterstrichen.

74

75

76

137

Siebter Teil

DIE BUNKAI

1. Die verschiedenen Bunkai-Arten

Der Begriff Bunkai wird fast immer mit "Anwendung" übersetzt, bedeutet in Wirklichkeit jedoch "Demontage". Der Sinn des Begriffes wird durch beide Übersetzungen relativ umfassend erklärt. Jedenfalls handelt es sich um die praktische Umsetzung der in den Kata erlernten Sequenzen gegen einen bewaffneten Gegner. Das Erlernen der Bunkai in ihren verschiedenen Formen verkörpert das Wesentliche des Bo-jutsu, also den Moment in dem sich das ständige persönliche Training auf besonders wirkungsvolle Weise konkretisiert.

In der Matayoshi-Schule existieren folgende Arten des Bunkai:

* KATA KUMIWAZA. Ausführung der Kata gegen zwei Gegner (Uke). Diese greifen den Ausführenden (Tori) aus verschiedenen Richtungen an, während er Schema und Bewegungsabläufe der Einzelübung genauestens beachtet. Alle in der Einzelübung ausgeführten Techniken werden beim Üben zu Dritt wiederholt. Die beiden Uke verhalten sich derart, dass Tori ohne jegliche Abweichung von der Einzelübung agiert. Jede Stock-Kata hat eine entsprechende Kata Kumiwaza.

* KATA OYO. Ausführung der Kata gegen einen einzelnen Gegner (Uke). Die Abwicklung der Kata erfolgt im Unterschied zu der Einzelübung genau nach den Regeln, doch wird die Reihenfolge bei der Ausführung der Techniken eingehalten. Für eine korrekte Ausführung der Kata Oyo muss man sich folgende Punkte vergegenwärtigen:

a) Wenn man angreift, geht man nach vorn, wenn man verteidigt, weicht man zurück.
b) Die nicht symmetrischen Sequenzen, die bei der Ausführung der Einzelübung der Kata mehrfach wiederholt werden, werden bei Kata Oyo nur ein einziges Mal ausgeführt.
c) Die symmetrischen Sequenzen, die bei der Ausführung der Einzelübung der Kata mehrfach wiederholt werden, werden bei Kata Oyo pro Partei nur ein einziges Mal ausgeführt.

Jede Stock-Kata sieht das Erlernen einer eigenen Kata Oyo vor.

2. Shushi no Kon kata oyo

Nachdem man die Kata Shushi no Kun erlernt hat und diese eine Zeit lang trainiert hat, widmet man sich der Anwendung, indem man der Reihe nach Shushi no Kun Kata Kumiwaza und Shushi und Shushi no Kun Kata Oyo erlernt. Aus zwei Gründen habe ich mich entschlossen direkt die Kata Oyo des Shushi no Kun vorzustellen: Zum ersten deshalb, weil diese Übung eine umfassendere Vorstellung vom Kampf mit dem Bo vermittelt; zum zweiten wegen der Schwierigkeit, die Kata Kumiwaza mit Hilfe von Fotos leicht verständlich zu machen, da hierbei drei Personen gleichzeitig anwesend sind, die sich in unterschiedliche Richtungen bewegen.

Shushi no Kun Kata Oyo gliedert sich in vier Sequenzen. Am Schluss einer jeden Sequenz beendet Tori seine Aktion durch einem Gegenangriff mit der Chudan Zuki-Technik gegen Uke.

Anmerkung: In der Beschreibung der Kata Oyo wird der Ausführende, der sich auf den Fotos rechts befindet (Uke), mit einem A bezeichnet, während der sich links Befindende mit einem B bezeichnet wird. Der Unterschied im Vergleich zu den Kumibo ergibt sich aus der Tatsache, dass alle Sequenzen der Kata Oyo aus dieser Stellung heraus leichter mit einzubeziehen sind.

Vorbereitung: A und B stehen sich in Musubi-Dachi gegenüber (Foto 1). Sie begrüßen sich durch Vorbeugen des Oberkörpers (Foto 2).

1

2

Sie kehren in die Ausgangsstellung zurück (Foto 3). Beide schreiten mit dem rechten Fuß voran, um die Nekoashi-dachi Chudan no Kamae-Stellung einzunehmen (Foto 4). Aus dieser zuletzt erwähnten Stellung heraus beginnen sie alle Sequenzen der Kata Oyo.

3

4

Ipponme (1)

1. A begibt sich durch Voransetzen des rechten Fußes in Zenkuzu-Dachi und greift mit Gedan Yoko Uchi an.
B begibt sich durch Zurücksetzen des linken Fußes in Zenkuzu-Dachi und pariert mit dem hinteren Ende des Bo (Foto 5).
2. B greift mit Jodan Naname Uchi an.
A pariert mit Jodan Naname Uke (Foto 6).

5

6

143

3. A bereitet sich darauf vor, mit Jodan Zuki anzugreifen.
B schreitet mit dem linken Fuß voran und nimmt die Shiko Dachi Shomen-Stellung ein (Foto 7).

4. A greift mit Jodan Zuki an.
B begibt sich in die Naname Zenkuzu Dachi-Stellung und führt Jodan Yoko Zuki außer Reichweite aus (Foto 8).

7

8

5. A schreitet mit dem linken Fuß voran und greift mit Gyakute Gedan Yoko Uchi an. B begibt sich durch Zurücksetzen des rechten Fußes in Kokuzu Dachi und pariert mit Gedan Hane Uke (Foto 9).

6. B nimmt die Zenkuzu Dachi-Stellung ein und geht mit Gedan Nuki-Bo zum Gegenangriff über.
A zieht den linken Fuß zurück, um dem Angriff von B auszuweichen (Foto 10).

9

10

7. A begibt sich durch Vorsetzen des rechten Fußes in Zenkuzu Dachi und greift mit Gedan Yoko Uchi an.
B begibt sich durch Zurücksetzen des rechten Fußes in Shozenkuzu Dachi und führt dabei die Parade Gyaku Gedan Harai Uke aus (Foto 11).

8. A vollzieht Yori Ashi nach vorn und greift mit Gyaku Gedan Yoko Uchi an.
B begibt sich durch Zurücksetzen des linken Fußes in Shiko Dachi rechts und pariert mit Gedan Yoko Uke (Foto 12).

11

12

9. B nimmt die Zenkuzu Dachi-Stellung ein und geht mit Jodan Naname Uchi zum Gegenangriff über.
A führt auf der Stelle Jodan Naname Uke aus (Foto 13).

10. B zieht den rechten Fuß zurück und richtet den Bo waagerecht auf der linken Seite des Körpers aus.
A nimmt die rechts ausgerichtete Nekoashi Dachi-Stellung ein und bereitet sich auf die Verteidigung vor (Foto 14).

13

14

11. B begibt sich durch Vorsetzen des rechten Fußes in Zenkuzu Dachi und greift mit Jodan Zuki an.
A pariert unter Ausführung von Kake Uke (Foto 15).

12. A begibt sich durch Vorsetzen des rechten Fußes in Zenkuzu Dachi und greift mit Jodan Zuki an.
B begibt sich durch Zurücksetzen des rechten Fußes in Nekoashi Dachi und pariert mit Kake Uke (Foto 16).

15

16

13. B begibt sich durch Vorsetzen des rechten Fußes in Zenkuzu Dachi und greift unter Ausstoßen des Kiai mit Jodan Zuki an.
A bleibt stehen (Foto 17).

14. A und B kehren beide in die rechts ausgerichtete Nekoashi Dachi Chudan no Kamae-Stellung zurück, wobei sie mit rechts wieder zurückgehen (Foto 18).

Bei dieser Sequenz werden die Bewegungen der Kata von Nr. 1 bis Nr. 12 ausgeführt.

17

18

Nihonme (2)

1. A schreitet mit dem linken Fuß voran und greift mit Gyakute Gedan Yoko Uchi an.
B begibt sich durch Zurücksetzen des rechten Fußes in Kokuzu Dachi und pariert mit
Gedan Hane Uke (Foto 19).

2. B nimmt die Zenkuzu Dachi-Stellung ein und geht mit Gedan Nuki-Bo zum Gegenangriff über.
A zieht den linken Fuß zurück, um dem Angriff von B auszuweichen (Foto 20).

19

20

3. A schreitet mit dem rechten Fuß voran und greift mit Gedan Yoko Uchi an.
B begibt sich durch Zurücksetzen des linken Fußes in Moto Dachi und pariert mit Gedan Harai Uke(Foto 21).

4. B begibt sich durch Vorsetzen des rechten Fußes in Zenkuzu Dachi und geht mit Jodan Naname Uchi zum Gegenangriff über.
A führt auf der Stelle Jodan Naname Uke aus (Foto 22).

21

22

5. B begibt sich durch Vorsetzen des linken Fußes in Zenkuzu Dachi und greift mit Jodan Naname Uchi an.
A begibt sich durch Zurücksetzen des rechten Fußes in Zenkuzu Dachi und pariert mit Jodan Naname Uke (Foto 23).

6. B begibt sich durch Vorsetzen des rechten Fußes in Zenkuzu Dachi und greift mit Jodan Naname Uchi an.
A begibt sich durch Zurücksetzen des linken Fußes in Zenkuzu Dachi und pariert mit Jodan Naname Uke (Foto 24).

23

24

7. A gleitet nach vorn und greift mit Gyakute Gedan Yoko Uchi an.
B gleitet in die rechts ausgerichtete Shiko Dachi-Stellung und pariert mit Gedan Yoko Uke (Foto 25).

8. B nimmt die Zenkuzu Dachi-Stellung ein und setzt mit Jodan Naname Uchi zum Gegenangriff an.
A führt auf der Stelle Jodan Naname Uke aus (Foto 26).

25

26

9. B zieht den rechten Fuß zurück und richtet den Bo waagerecht auf der linken Seite des Körpers aus.
A nimmt die rechtsausgerichtete Nekoashi Dachi-Stellung ein und bereitet sich auf die Verteidigung vor (Foto 27).

10. B begibt sich durch Voransetzen des rechten Fußes in Zenkuzu Dachi und greift mit Jodan Zuki an.
A pariert mit Kake Uke (Foto 28).

27

28

11. A begibt sich durch Voransetzen des rechten Fußes in Zenkuzu Dachi und greift mit Jodan Zuki an.
B begibt sich durch Zurücksetzen des rechten Fußes in Nekoashi Dachi und pariert mit Kake Uke (Foto 29).

12. B begibt sich durch Voransetzen des rechten Fußes in Zenkuzu Dachi und greift unter Ausstoßen des Kiai mit Jodan Zuki an.
A bleibt stehen (Foto 30).

29

30

14. A und B kehren beide in die rechts ausgerichtete Nekoashi Dachi Chudan no Kamae-Stellung zurück, wobei sie mit rechts wieder zurückgehen (Foto 31).

Bei dieser Sequenz werden die Bewegungen der Kata von Nr. 13 bis Nr. 44 ausgeführt.

31

Sanbonme (3)

1. A kreuzt den linken Fuß vor dem rechten, nimmt so die Kosa Dachi-Stellung ein und greift mit Jodan Zuki an.
B gleitet in die rechts ausgerichtete Nekoashi-Dachi-Stellung zurück und pariert mit Kake Uke (Foto 32).

32

2. A begibt sich durch Vorsetzen des rechten Fußes in Zenkuzu Dachi und greift mit Jodan Zuki an.
B kreuzt den rechten Fuß vor dem linken, nimmt so die Kosa Dachi-Stellung ein und pariert mit Kake Uke (Foto 33).

3. B begibt sich auf der rechten Seite von A mit dem linken Fuß in die Shiko Dachi-Stellung und greift ihn mit Gyakute Chudan Yoko Uchi an.
A rückt den linken Fuß weiter nach links in die Shiko Dachi-Stellung und pariert mit Chudan Yoko Uke (Foto 34).

33

34

4. B nimmt die Naname Zenkuzu Dachi-Stellung ein und führt Jodan Naname Uchi aus. A pariert mit Jodan Naname Uke (Foto 35).

5. A begibt sich durch Vorsetzen des linken Fußes in Zenkuzu Dachi und greift mit Gyakute Gedan Yoko Uchi an. B weicht mit dem linken Fuß in die rechts ausgerichtete Shiko Dachi-Stellung zurück und pariert mit Gedan Yoko Uke (Foto 36).

35

36

6. B nimmt die Zenkuzu Dachi-Stellung ein und geht mit Jodan Naname Uchi zum Gegenangriff über.
A führt auf der Stelle Jodan Naname Uke aus (Foto 37).

7. A begibt sich durch Voransetzen des linken Fußes in Zenkuzu Dachi und greift mit Jodan Zuki an.
B weicht zurück in die rechts ausgerichtete Nekoashi Dachi-Stellung und pariert mit Kake Uke (Foto 38).

37

38

8. B begibt sich durch Vorsetzen des rechten Fußes in Zenkuzu Dachi und greift unter Ausstoßen des Kiai mit Jodan Zuki an.
A bleibt stehen (Foto 39).
8. A und B kehren beide in die rechts ausgerichtete Nekoashi-Dachi Chudan no Kamae-Stellung zurück, wobei sie mit rechts wieder zurückgehen (Foto 40).

Bei dieser Sequenz werden die Bewegungen der Kata von Nr. 45 bis Nr. 52 ausgeführt.

39

40

Yohonme (4)

1. A begibt sich durch Vorsetzen des rechten Fußes in Zenkuzu Dachi und greift mit Jodan Uchi an.
B spreizt den rechten Fuß in Mae-ashi Heiko Dachi und pariert mit Jodan Uke (Foto 41).

2. B spreizt den rechten Fuß in Shita Kokuzu Dachi und greift mit Gedan Ura Uchi an.
A springt und zieht dabei beide Füße hoch, um dem Angriff von A auszuweichen (Foto 42.)

41

42

3. Nach seiner Landung greift A in der rechts ausgerichteten Zenkuzu Dachi-Stellung mit Gedan Yoko Uchi an.
B begibt sich durch Zurücksetzen des rechten Fußes in Naname Zenkuzu und verteidigt mit Gedan Harai Uke (Foto 43).

4. B drückt seinen Bo sowie auch den von A mit dem rechten Fuß nach rechtsaußen.
A unterstützt die Aktion von B (Fotos 44 und 45).

43

44

45

5. B begibt sich durch Vorsetzen des rechten Fußes in Zenkuzu Dachi und greift mit Jodan Naname Uchi an.
A gleitet leicht zurück und verteidigt mit Jodan Naname Uke (Foto 46).

6. B begibt sich durch Zurücksetzen des linken Fußes in Sho-zenkuzu-Dachi und führt Jodan Age Uchi aus.
A zieht den rechten Fuß zurück, senkt den Bo und entgeht dem Angriff von B durch Zurückbeugen des Oberkörpers (Foto 47).

46

47

7. B greift sofort mit Jodan Uchi an.
A richtet auf der Stelle den Oberkörper wieder auf und verteidigt mit Jodan Uke (Foto 48).

8. B greift sofort mit Gyakute Chudan Yoko Uchi an.
A verteidigt sofort mit Chudan Yoko Uke (Foto 49).

9. B gleitet mit dem rechten Fuß nach vorn und führt Jodan Naname Uchi aus.
A gleitet mit dem linken Fuß zurück und führt Jodan Naname Uke aus (Foto 50).

48

49

50

10. B zieht den rechten Fuß zurück und richtet den Bo waagerecht auf der linken Seite des Körpers aus.
A nimmt die rechts ausgerichtete Nekoashi Dachi-Stellung ein und bereitet sich auf die Verteidigung vor (Foto 51).

11. B begibt sich durch Vorsetzen des rechten Fußes in Zenkuzu Dachi und greift mit Jodan Zuki an.
A pariert mit Kake Uke (Foto 52).

51

52

12. A begibt sich durch Vorsetzen des rechten Fußes in Zenkuzu Dachi und greift mit Jodan Zuki an.
B begibt sich durch Zurücksetzen des rechten Fußes in Nekoashi Dachi und pariert mit Kake Uke (Foto 53).

13. B begibt sich durch Vorsetzen des rechten Fußes in Zenkuzu Dachi und greift unter Ausstoßen des Kiai mit Chudan Zuki an. A bleibt stehen (Foto 54).

14. A und B kehren beide durch Zurücksetzen des rechten Fußes in die rechts ausgerichtete Neko-ashi-Dachi Chudan no Kamae-Stellung zurück (Foto 55).

Bei dieser Sequenz werden die Bewegungen der Kata von Nr. 53 bis Nr. 64 ausgeführt.

53

54

55

Abschluss: A und B treten zurück und nehmen beide die Musubi-dachi-Stellung ein (Foto 56). Sie grüßen sich durch Vorbeugen des Oberkörpers (Foto 57) und nehmen wieder die Ausgangsstellung mit gestrecktem Oberkörper ein (Foto 58).

56

57

58

FACHWÖRTERBUCH

A

Agena Chokuho (1870-1924) - Kobudomeister
Aji - Stammeshäuptling
Akachu - Roter Mann
Azato - Êkumeister (richtiger Name des Akachu) - Viertel von Naha

B

Ba-jutsu - Reitkunst
Bajo-bo - "Pferdestock" 390 cm lang
Banto - (wörtl. halbes Schwert) - Machetenart, die mit dem Tinbei verwendet wird
Biâan - Chinesiche Peitsche
Bin-lo - Asiatische Pflanze, deren Rinde zur Herstellung des Tinbei verwendet wurde
Bo - Stock
Bo-jutsu - Kampfkunst mit dem Stock
Bubishi - Klassischer Text über die Kampfkünste Okinawas
Budôka - Derjenige, der Budo betreibt
Bujin - Experten in Selbstverteidigungstechniken
Bunkai - (wörtlich "Demontage") - Paarweise Anwendung der erlernten Techniken

C

Chikin (Tsuken) no Kon - Fortgeschrittene Bo-Kata
Chikin Shosoku - Meister des Bo-jutsu
Chikusaji - Ehemalige Polizisten Okinawas
Chinen (Yamani) Sanda (1843 - 1925) - Kobudomoister
Choun no Kon - Fortgeschrittene Bo-Kata
Chudan - Mittelstufe
Chukon-bu - Mitte des Bo
Chutou - Chinesische Bezeichnung der Kuwa
Chûzan - Mittelgebirge, eines der drei Reiche

D

Dachi (Tachi) - Stellung
Dai Nippon Butokukai - Vereinigung der Tugend japanischer Kampfsportarten
Dan - Fortgeschrittener Grad, Ausbildungsstufe
Denko - Brustkorb (zwischen der siebten und achten Rippe)
Dojo - Ort, an dem man den "Weg geht"
Dunfa - Chinesische Bezeichnung des Tinbei

E

Eku - Ruder

F

Fukushu (Fujian) - Chinesische Region
Funakoshi Gichin (1868 - 1957) - Karatemeister

G

Gansei - Augen
Gedan - Unterstufe
Gi - Anzug
Go - Fünf
Go Kenki (1886 - 1940) - Chinesischer Kenpomeister
Gohonme - Fünfte (-r, -s)
Goju-ryu - Weicher und harter Stil
Gorenda - Fünf aufeinanderfolgende Angriffe
Gusuku - Schloß
Gyaku - Gegenteil
Gyakute mochi - Entgegengesetzter Griff

H

Hakkaku-bo - Stock mit achteckigem Querschnitt
Hane - abprallen
Haniji - König von Hokuzan
Hanmi - Von der Seite her
Hanshi - der höchste Meistergrad
Harai - Fegen
Heiko dachi - Parallele Stellung
Heiko mochi - Paralleler Griff
Hichu - Vertiefung oberhalb des Brustbeins
Higa Seko (1898 - 1966) - Karatemeister
Himo tuki nichogama - Kama mit einer am Handgelenk zu befestigenden Schnur
Hirohito - Showa-Kaiser
Hiza kansezu - Kniegelenk
Hojoundo - Vorbereitende Übungen
Hokuzan - Gebirge des Nordens, eines der drei Reiche
Honbu - Prinzipal
Honte mochi - Normaler Griff

I

Ichi - Eins
Ippon - der Einzige
Ipponme - Erste (-r, -s)
Irei Matsutaro (Ogii) (1879 - 1971) - Kobudomeister
Isaini - Von der entgegengesetzten Seite

J

Jin Hong Yan - Chinesischer General, erster Kaiser der Song-Dynastie (960 - 1279)
Jiyu - Frei

Jiyu ippon kumite - Auf einen Angriff hin erklärter Kampf
Jiyu kumite - Freier Kampf
Jodan - Oberstufe
Jun mochikae - Direkter Griffwechsel

K

K´un - Chinesische Bezeichnung für den Bo
Kaeshi - Drehung
Kaeshi mochikae - Kreisförmiger Griffwechsel
Kagaku - Kinnspitze
Kaiha - Verband
Kake - Aufhängen, nehmen
Kakinohana - Stadtviertel in Naha
Kaku-bo - Stock mit quadratischem Querschnitt
Kama - Sicheln
Kama-jutsu - Kama-Kampfkunst
Kamae - Stellung
Karate - "Leere Hand"
Karateka - Derjenige, der Karate betreibt
Kasumi - Schläfen
Kata - festgelegte Form
Kata kumiwaza - Ausübung der Kata gegen zwei Gegner
Kata oyo - Weiterentwickeltes Studium der Katatechniken und ihrer Varianten
Keikogi - Trainingskleidung
Kempo - Schlagweise
Keydo myakubu - Bereich der Kehlader
Kiai - Harmonie zwischen den Energieströmen, Kampfschrei
Kikoshinsho - Altes chinesisches Handbuch
Kime - Entscheidung, Festhalten
Kingai-ryu - Karatestil
Kintekl – Huden
Kiotsuke - Achtung !
Kobudo - Antike Kampfart
Kobudogi - Kobudoanzug
Kobudoka - Derjenige, der Kobudo betreibt
Kodokan - Name des Hauptdojos der Zen Okinawa Kobudo Renmei
Kokei - Schienbein
Kokuzu dachi - Stellung mit nach hinten verlagertem Gewicht
Kon (Kun) – Stock
Kontei - Ende des Bo
Koronushi Kin (Kingai) - Chinesischer Meister, Arzt, Pflanzensammler
Kosa dachi - Gekreuzte Stellung
Kuai - Chinesische Bezeichnung der Tunkuwa
Kuba - Tropische Pflanze
Kubo no Kon - Fortgeschrittene Bo-Kata
Kume - Dorf auf Okinawa
Kumibo - Stockkampf
Kung-fu - Chinesischer Sammelbegriff zur Bezeichnung der Kampfsportarten
Kuru bushi - Knöchel, Fessel
Kuruman-bo - Langer Gelenkstock

Kuwa - Hacke
Kyan Chotoku (Can-mi-gwa) (1870 - 1945) - Karatemeister
Kyoshi - Meistergrad der zweiten Stufe
Kyu - Unter dem Dan angesiedelter Grad, Schülergrad
Kyushaku-bo - 210 cm langer Stock
Kyûsho - Vitale Punkte

M

Mae-ashi heiko dachi - Parallele Stellung mit einem Fuß vorn
Maeashi shizentai dachi (Moto dachi) - Natürliche Stellung mit einem Fuß vorn
Manji-sai - Siehe Matayoshi-sai
Maru-bo - Zylindrischer Stock
Matayoshi Shinchin - Kobudomeister
Matayoshi Shinko (1888 - 1947) Okinawesischer Begründer des modernen Kobudo
Matayoshi Shinpo (1921 - 1997) - Kobudo- und Karatemeister aus Okinawa
Matayoshi-sai - Sai mit S-förmiger Parierstange
Matsukaze - Bereich der Halsschlagader
Meiji - Japanische Ära (1868 - 1912)
Migi - Rechts
Mikazuki - Gelenk vom Unterkiefer bis zur Schläfe
Ming - Chinesische Dynastie (1368 - 1644)
Miyagi Chojun (1888 - 1953) - Karatemeister
Mochi - Griff
Mochikae - Griffwechsel
Monouchi - Der Teil, der das Ziel trifft
Musubi dachi - Stellung mit zusammengestellten Fersen

N

Nagashi - verlängert gedehnt
Nagate mochi - Langer Griff
Nagenawa-jutsu - Kampfkunst mit dem Lasso
Naha - Hauptstadt von Okinawa
Naha-te - Technik (Hand) aus Naha
Nami-giri - Längsseite des Ruderblattes
Naname - Diagonal
Naname zenkuzu dachi - Stellung mit nach vorne verlagertem Gewicht (diagonal)
Nanzan - Gebirge des Südens, eines der drei Reiche
Naore - Abschlussstellung
Nekoashi dachi - Katzenstellung
Ni - Zwei
Nicho-gama - Doppelte Kama
Nihonme - Zweite(-r, -s)
Nodo botoke - Adamsapfel
Nuki - Gleitender Stoßangriff
Nunchaku - Siehe Sosetsukon
Nunti - "S"-förmiger Dreizack
Nunti-bo - Speer, Harpune
Nunti-jutsu - Kampfkunst mit dem Nunti

O

Ofusato - König von Nanzan
Okinawa (wörtlich: Schnur auf dem Ozean) – japanische Inselgruppe
Osae - Hinunterdrücken
Oyakata - Hochrangige Kriegerkaste der Ryukyu-Dynastie

R

Rei - Gruß
Reishiki - Etikette der Grußgesten
Renshi - Meistergrad der dritten Stufe
Rizurei - Gruß aus der aufrechten Position
Rokkaku-bo - Stock mit sechseitigem Querschnitt
Rokushaku-bo - 180 cm langer Stock
Rokushaku-gama (Chogama) - Lange Sichel
Ryoshi no katana (Schwert der Fischer) Symbolische Bezeichnung des Ruders
Ryuha - Stilvereinigung
Ryukyu - Klassischer Name Okinawas

S

Sai - Dreizack aus Metall
Saibu - Chinesische Bezeichnung für das Nunti
Sakugawa no Kon (Chinen Yamani no Kon) - Fortgeschrittene Bo-Kata
San - Drei
San Yin Jiao (Dreiwegekreuzung) - Empfindliche Stelle des menschlichen Körpers
San-chieh-kun - Chinesische Bezeichnung des Sosetsukon
Sanbonme - Dritte (-r, -s)
Sansetsukon - Dreiteiliger miteinander verbundener Stock
Sanzan-jidai - Zeitalter der drei Reiche
Satsuma - Japanischer Clan, Invasoren auf Ryukyu
Sattô - König von Chûzan
Seika tanden - Bereich unterhalb des Nabels
Shaku - Japanisches Maß (30,3 cm)
Shaokun - (Stock der Schildwache) - Chinesische Bezeichnung des Kuruman-bo
Shaolin Konpo - Stockkampfweise der Shaolin
Shi (Yon) - Vier
Shiishi no kon (Shiishistock) - Fortgeschrittene Bo-Kata
Shiishi Ryuko - Kobudomeister
Shiko dachi - Stellung mit gespreizten Beinen
Shinbaru - Viertel des Dorfes Chatan, Name einer Sai-Kata
Shintoismus - Japanische Religion
Shisei - Haltung / Stellung
Shita kokuzu kokuzu dachi - Tiefe Stellung mit nach hinten verlagertem Gewicht
Shizoku - Okinawesische Adelige
Shô Hashi - König, der die drei Reiche vereinigte und das Ryukyu-Reich gründete
Sho-zenkuzu dachi - Kurzes Zenkuzu-dachi
Shorin-kenpo - Faustkampf der Shaolin
Shorin-Ryu - Stil des kleinen Waldes / Pinienwaldes

Showa - Japanische Ära (1926 - 1988)
Shuang-chieh kun - Chinesische Bezeichnung des Sosetsukon
Shuri - Gegend auf Okinawa, heute Stadtviertel von Naha
Shuri-te - Technik (Hand) aus Shuri
Shuriken-jutsu - Kunst des Wurfsternwerfens
Shushi no kon - Fortgeschrittene Bo-Kata
Sokko - Spann des Fußes
Son-bo - Stock aus dem Dorf
Sosetsukon (Nunchaku) - Aus zwei Teilen bestehender Gelenkstock
Suigetsu - Solarplexus
Suna - Sand
Sunakake (Sand schleudern) - Kobudotechnik
Suruchin - Schnur mit zwei Gewichten an den Enden
Surukaa - Schnur aus Rinde, aus der man den Suruchin herstellte

T

T´ieh-ch´ih - Chinesische Bezeichnung des Sai
Taiki - Nach China entsandter Bruder des Königs Sattô
Taisho - Japanische Ära (1912 - 1926)
Take-bo - Bambusstock
Tanmei – weist in Verbindung mit dem Nachnamen auf einen betagten Menschen hin
Tecchu - Eiserner Zylinder
Tekko - Schlagring
Tenbin - Jochähnlicher Stock zum Lastentransport
Tento - Kronnaht
Tinbei – Schild
Tinbei-jutsu - Kampfkunst mit Tinbei und Banto
Tokumine no kon - Fortgeschrittene Bo-Kata
Tomari-te – Tomari-Technik (Hand)
Tonfa - Siehe Tunkuwa
Tori - Der Ausführende
Tsuken-jima - Insel des okinawesischen Archipels
Tuifa - Siehe Tunkuwa
Tunfa - Siehe Tunkuwa
Tunkuwa - Unterarmwaffe
Tunkuwa-jutsu - Kampfkunst mit der Tunkuwa
Terasho (Tairagwa) Gushikawa - Siehe Agena Chokuho

U

Uchi - Schlag
Uechi-ryu - Stil des Uechi (Eigenname)
Ufuton-bo - Fortgeschrittene Bo-Kata
Uke - Parade; der, der sich verteidigt
Ushiro - Zurück, rückwärts, nach hinten

Y

Yakusoku - Vorher festgelegt
Yakusoku Kumite - Festgelegter Kampf
Yara (Chatanyara) no kon - Fortgeschrittene Bo-Kata
Yin-yang (jap.: in-yo) - Chinesische Ursprungstheorie
Yohonme - Vierte (-r, -s)
Yoi - Fertig
Yoko - Seitlich
Yonegawa no kon - Fortgeschrittene Bo-Kata
Yonshaku-bo - 120 cm langer Stock

Z

Zarei - Gruß aus sitzender Haltung
Zen okinawa Kobudo Renmei - Von Shinpo Matayoshi geleitete Kobudovereinigung
Zenkuzu dachi - Stellung mit nach vorn verlagertem Gewicht
Zuki - Direkter Angriff

QUELLENNACHWEIS

Alexander W. George, Okinawa Isola del Karate, Edizioni Yamazato 1991.
Bishop Mark, Karate di Okinawa - Maestri, Edizioni Mediterranee 1994.
Chang Dsu Yao, Fassi Roberto, Kung Fu Shaolin, Edizioni Mediterranee 1989.
Chinen Kenyu, Kobudo d'Okinawa, Edizioni Sedirep 1985.
Demura Fumio, Bo, karate weapon of self-defense, Ohara 1976.
Habersetzer Roland, Ko-budo, les armes d'Okinawa (voll. 1, 2, 3), Amphora 1985.
Habersetzer Roland, Shotokan Karate-do, Amphora 1995.
Hadamitzky W. e Durmous P., Kanji & Kana, J. Maisonneuve1984.
Higaonna Morio, Traditional Karatedo Okinawa Goju Ryu, Japan Publications 1985.
Hisataka Masayuki, Scientific Karate-do, Japan Publications.
Inoue Motokatsu, Ryukyu Kobujutsu (voll. 1, 2, 3), Japan Publications/ Seitohsha 1972.
Kriger Pascal, Jodo, la voie du baton, Edizioni P. Kriger e AHJ, Shung Do Kwan 1989.
Kuan Yu-Chen, e Haring-Kuan Petra, Cina, Edizioni Futuro 1988.
Lee Eric, Advanced three sectional staff - KungFu weapon of self-defense, Ohara 1985.
Long Hei, Il tocco del drago, Edizioni Mediterrance 1992.
Matayoshi Shinpo, Ryukyu Ocho Jidai Kobudo Karatedo, privater Text 1995.
Mattson E. George, Uechiryu Karate do, Peabody Publishing 1974.
Miyagi Tokumasa, Karate no rekishi, Hirugi-sha 1987.
Mochizuki H., Zimmermann D., Le Karate Do, Judo International 1974.
Nakamoto Masahiro, Okinawa dento Kobudo, Bunbukan 1989.
Nakaya Takao, Karate-do. History and Philosophy, Jss Publishing 1986.
Portocarrero Pierre, Tode, Les origines du Karate-do, Sedirep 1986.
Tokitsu Kenji, Storia del Karate - La via della mano vuota, Luni 1995.

Wir senden Ihnen gern unser ausführliches bebildertes Verlagsverzeichnis!

Schreiben Sie uns oder rufen Sie an:

VERLAG WEINMANN
Beckerstraße 7 · 12157 Berlin
Tel.: 030 / 855 48 95 Fax: 030 / 855 94 64